조선을 사랑한 조선일민(朝鮮逸民) 애국지사(愛國志士)

삼역(三亦) 이인행(李仁行) 평전

조선을 사랑한 조선일민(朝鮮逸民) 애국지사(愛國志士)

삼역(三亦) 이인행(李仁行) 평전

문화재학박사 노 기 욱 저

전남대학교출판부

| 머리글 |

애국지사 이인행(1898.7.27-1975.3.31, 李仁行)선생은 함평 나산면에서 태어났다. 일제 식민시기 한국의 국권회복과 자주독립을 위해 민족운동을 위해 몸 바친 인물이다. 함평 · 문장 · 영암지역의 3·1 만세운동을 지휘하고 임시정부 조직원으로 자금모집 활동을 전개하다가 전남 3부(경무부) 경찰과 장성 삼거리헌병에 체포 되었다.

애국지사 이인행선생은 광주형무소에 수감된 후, 대구형무소로 이감되고, 또 다시 광주형무소로 보내져, 2년 4개월의 옥고를 치렀다.

광주형무소에서 만난 면우 곽종석선생은 3·1 만세운동을 전개하다 수인생활 중인 애국지사 이인행선생에게 '삼역(三亦)'이라는 호(號)와 호기(號記)를 지어 주셨다.

애국지사 이인행선생의 독립운동은 조선에서 일제 식민지 정책이 가중되던 시점부터 시작되었다. 이 시기 일제를 몰아내기 위해 장성의 애국지사 기산도를 찾아 가정부(假政府) 요원에 가입하였다. 나아가서 임시정부 애국금영수위원으로 군자금모집과 대규모 시위를 전개하기로 결정하였다.

본고에서 살핀 애국지사 이인행선생은 일제에 저항하며, 국내에서 줄기차게 독립운동을 전개한 임시정부 요인이다.

대한민국임시정부국민대회감부서(大韓民國臨時政府國民大會監部署)특파원을 시작으로, 함평 3·1 만세운동책임자 · 함평신간회위원・함평농민운동・함평민립(民立)학교설립지부장・함평나산학교 설립・일제의 창씨반대 등의 다채로운 투쟁 경력을 지니고 있다.

그럼에도 지금까지 이인행선생의 독립운동 행적에 대해 정확하게 평가되지 않았다.

그것은 첫째, 애국지사 이인행선생 스스로가 철저하게 비밀리에 활동하였기 때문이다. 밤이면 뒷산을 통해 이동하였으며, 동지들에게 받은 문서는 즉시 불에 태우고, 모든 독립운동 활동에 가명을 사용하였기에 그의 행적을 추적하기가 난해하였다. 이인행선생은 1919년 3월 4일 서대문경찰서에서 풀려난 이후부터 일제 첩보원에게 철저하게 미행 당하기 시작하였다. 그로부터 7개월 후 1919년 11월 5일 일본 육군성(陸軍省) 비밀 문서인 102호(其566, 高警제31411호) '조선소요사건관계서류(4)'에 나타난 '독립운동자금 모집자 검거의 건'에서, 이인행선생의 활동 전모가 드러났다.

애국지사 이인행선생은 대한민국임시정부국민대회감부서 요원으로 독립운동자금 모집을 위해 활동하고 있었던 것이다. 일본 육군성이 긴급으로 일본 내각총리대신 원경(原敬)에게 이 사실을 보고하고 있다. 이 비밀 전문에는 대한민국임시정부국민대회감부서 의무금요구특파원(義務金要求特派員) 이인행(李仁行)・기산도(奇山度, 奇寔)・김종탁(金鍾鐸;金鐸)・김철(金澈;金演相)・박은용(朴殷容)・황병학(黃炳學)・민치환(閔致煥)・김영탁(金永鐸)・이문복(李文復)・홍종욱(洪鍾郁)・김요선(金堯璿)・김영식(金永植)・황용주(黃龍周)・윤용섭(尹龍燮)・이공삼(李工三)・안재우(安在宇)・김창규(金昌奎)・조원규(趙元奎)・조덕중(趙德仲)을 검거하였음을 알리고 있다.

그리고 일본제국주의자들은 "독립군 일망타진 3대 미제사건 중의 하나를 해결하였으니, 천장일 경축행사에 체포자를 발표하겠다."고 하였다. 이인행선생과 독립운동 동지들의 활동이 그만큼 일제에게 타격을 주었음을 나타낸다.

둘째, 애국지사 이인행선생은 비밀 활동을 위해 거주지를 함평, 나주, 군산, 상해(上海), 인천 등으로 옮겨 다녔다. 그 결과 연구 내용에 필요한 1차 자료의 확보에 어려웠기 때문에, 연구자들로서도 애국지사 이인행선생의 활동 상황을 밝히는데 한계가 있었다.

애국지사 이인행선생은 민족의 시대적 과제인 자주독립을 위해 조금도 주저하지 않고 자신을 희생하였다. 애국지사 이인행 선생의 민족운동 제1차 목표가 조선의 자주독립과 국권회복에 있었다. 따라서 애국지사 이인행선생의 일생을 체계적으로 재조명하고 그가 걸어 간 사상과 활동의 궤적을 추적하는 작업은 이 시대를 살아가는 우리들의 당면한 역사 발굴의 과제이며 지역사회 임시정부 요인의 독립운동을 새롭게 조명하는 계기가 될 것이다.

1990년 광복 45주년을 맞아 정부에서는 애국지사 이인행선생의 독립운동에 대해 '우리나라 자주독립과 국가발전에 기여한 공로'를 인정하여 건국훈장 애족장(2030호)을 추서하였다. 이에 힘입어 애국지사 이인행선생의 평전을 발행하게 되었다.

이 책의 자료 인용은 『황성신문』, 『독립신문』, 『동아일보』, 『조선일보』, 『매일신보』, 『시대일보』, 『신한민보』, 『전남일보』, 『함평군지』, 『전남도지』, 『대한제국고종황제국장화첩』, 『사진으로 보는 독립운동(서문당)』, 『히로시마 슈도대학 히구마교수 기증자료』, 「독립기념관 자료」, 「광주시립민속박물관역사자료」, 「한국역사정보통합시스템자료」, 「애국지사 이인행선생 유물」을 인용하였다. 이 중에서 독립기념관에 소장된 자료의 경우 독립기념관으로 표기하였다.

본고의 용례 중 '조선'은 시대적으로 1910년 국권이 피탈되기 직전 까지를 의미한다. 일본제국주의는 '일제'로 표현하였다. '애국지사 이인행'은 '애국지사 이인행선생'으로 기록하였다. 문서에 따라 다르게 쓰인 감부서는 감부소와 같은 의미이다. 그리고 김종탁과 김종택은 문서에 따라 달리 쓰였으나 동일인이다.

끝으로 본서가 완성되도록 성원과 지도를 아끼지 않았던, 김병인·반윤홍·박창규 교수님과, 광주시립박물관 학예연구실 주인택 실장님, 전남대학교출판부 양채열 부장님을 비롯한 임직원 여러분, 현손 이철성님께 감사함을 전한다.

2012년 8월 15일

전남대학교대학원 문화재학 강사 노기욱

『삼역(三亦) 이인행(李仁行) 평전』 발간을 축하하며

삼역(三亦) 이인행(李仁行)선생은 1898년 전라도 함평에서 태어났다. 그가 태어나던 시기는 자주 독립의 수호와 자유 민권의 신장을 위해 독립협회 주관으로 만민공동회가 개최되었다. 조선 땅의 채광권과 철도부설권이 일본을 비롯한 외국인에게 넘어갔고 특히 열강의 이권 침탈과 깊숙한 내정 간섭으로 한국의 자주 독립은 심각하게 위협받는 지경에 이르렀다.

그로부터 10여 년이 지난 1909년 이인행선생은 부친을 잃고 어린 나이에 집안의 가장이라는 막중한 역할을 떠안게 되었다. 그 다음 해 이인행선생이 13살의 나이에 접어들었을 때, 조선은 국권을 상실하고 만다.

당시 나라도 잃고 부친도 여윈 이인행선생이 겪어야 했을 마음고생과 앞날의 막막함에 대한 불안감은 이루 말로 표현할 수 없었을 것이다. 그런 그가 나이 20이 채 되지 않은 상태에서 안중근의사의 용맹심에 감동받아 암울한 조국의 등불이 되기로 맹세한 사실을 통해 이인행선생의 남다른 정의로움과 담대함을 느낄 수 있다.

그러나 그가 조국의 독립과 광복을 꿈꿀 때마다, 그에게 돌아온 것은 감사, 체포, 구금, 고문, 투옥뿐이었다. 22세 되던 해 1919년 함평 · 문장 지역에서 3 · 1 만세운동을 주도하면서 그의 조국을 향한 애국의 열정은 불타오르기 시작했으며, 이인행선생은 그만큼

힘든 조국과 민족을 위한 기나긴 여정으로 들어섰다.

우리는 이인행선생의 삶 속에서 난세의 지식인이 무슨 일을 어떻게 해야 하는가에 대한 사유와 실천의 진면목을 발견할 수 있다.

첫째, 그는 자신의 어려운 삶의 조건, 즉 어린 나이에 아버지를 잃고 가장노릇을 해야 하는 암담한 현실 앞에서도 국권을 상실해 가는 조선의 운명을 그대로 받아들이지 않고 타개하려는 불굴의 정신과 열정의 소유자였다. 이인행선생은 어린 나이에도 불구하고 집안의 어려운 형편을 감당해 나갔듯이, 자신의 뿌리요 근본인 조선의 독립과 재건을 위한 민족해방운동에 분연히 앞장섰던 것이다. 이는 높은 지위에 오르고 부를 이루며 장수무병하는 것이 행복한 삶이라는 일상의 상식을 뛰어넘는 새로운 차원의 철학적 사유와 절의적 행동을 겸비한 지식인적 삶의 모범이라 할 수 있겠다. 이인행선생과 거의 동시대인 춘원 이광수는 해방 후 제자로부터 "선생님처럼 훌륭하신 분이, 왜 변절하였느냐"는 질문을 받자, "일본제국주의가 천년만년 계속 번영할 줄 알았다"고 대답했다고 한다. 이와 같은 일화를 통해, 우리는 왜 어려운 시기일수록 지식인의 역사 인식이 분명해야 하는지를 분명하게 느낄 수 있으며, 이인행선생으로부터 그 귀감을 얻을 수 있을 것이다.

둘째, 이인행선생이 3·1 만세운동에 적극적으로 나섰다는 사실에서 뛰어난 통찰력과 시대정신을 소유하고 있었음을 알 수 있다. 일본 식민통치 기간 중에 민족 최대의 과제는 물론 '해방'이었다. 해방을 강대국이 시켜줄리 만무했고, 일본이 아량을 베풀어 줄 가능성도 전무하였다. 조국의 상실이라는 시대상황 속에서 그 시대를 치열하게 살아갔던 이인행선생은 당시의 시대적 과제를 조선의 해방으로 보았으며, 그것은 민족의 과제일 뿐 아니라 그 민족의 구성원인 자기 자신의 삶의 해방이요 완성이라고 철저하게 믿고 있었다. 때문에 해방은 전적으로 우리 힘으로만 쟁취해야 했다. 그 희망의 단서를 제공한 사건이 바로 3 · 1 만세운동이었다. 온 민족이 '독립만세'를 외치며 거리로 뛰어나온 그때의 감동과 열정은 히로시마에 떨어졌던 원자폭탄의 위력만큼이나 컸다. 이처럼 3 · 1 만세운동은 일제치하 우리민족 최대의 거국적 독립운동이었고, 후일 대한민국 법통의 뿌리라 할 수 있는 임시정부를 수립시키는 결정적 계기가 되었기 때문에, 국경일로 지정되었다. 즉, 3 · 1 만세운동에서 나타난 대동단결과 민주주의 이념이 대한민국 임시정부와 해방 후 대한민국 정부에 의해서 계승 발전되었다고 본 것이다. 당시 이인행선생이 3 · 1 만세운동에 적극 가담한 이유는 이와 같은 사실에 대한 분명한 역사 인식을 갖추고 있었기 때문이라 할 수 있다. 이는 이인행선생이 당대를 꿰뚫어 보는 통찰력과 시대정신이 어느 정도 정확하고 치열했는지를 보여주는 단적인 사례라 할 수 있다.

셋째, 이인행선생이 평생을 농촌계몽운동과 후진양성에 힘썼다는 사실을 통해 먼 앞날을 내다보면서 착실한 준비를 모색한 진정한 미래지향적 민족운동가였음을 알 수 있다. 그는 조국의 암울한 현실을 뛰어넘고 새로운 독립국가를 기약하기 위해서는 당시 조선이 처한 가장 취약한 부분인 농촌의 계몽과 후학양성이 절대적으로 필요하다고 판단했던 것이다. 즉, 삼역(三亦) 이인행선생은 조선 민중의 대다수가 거차하는 농촌의 열악한 현실을 개선하고, 그 속에 있는 우리 민족의 건각들이 제대로 자라나기 위해서는 절대적으로 교육이 필요하다는 점을 깨닫고 있었던 것이다. 계속되는 투옥 속에서도 농촌계몽운동과 후진 양성에 힘쓴 독립운동가는 그리 많지 않다는 사실에 비추어 볼 때 이인행선생의 자각과 실천의식은 지금까지 충분한 교훈이 되고도 남을 것이다.

이처럼 호남지역에서 대표적인 민족운동가 역할을 자임해 온 이인행선생에 대한 학문적 접근이 부족하여 아쉬움이 컸었던 바, 비록 늦기는 하였지만 이번에 노기욱박사가 그의 평전을 저술하게 되어 감개가 무량할 따름이다. 이에 이인행선생 평전 발간사업이 한 가문의 영광에 그쳐서는 안 될 것이다. 가깝게는 우리 지역 멀리는 우리 민족의 난제를 극복하고, 이인행선생이 꿈꿨던 새로운 사회, 남북상생의 사회, 모두가 주인이면서 함께 영위할 수 있는 사회로 나아가는 데에 하나의 귀감이 될 것으로 믿어 의심치 않는다.

다시 한 번 이인행선생의 평전 발간을 추진한 후손과 어려운 작업을 마친 노기욱박사에게 감사의 말씀을 전하고 싶다. 앞으로도 이인행선생의 삶과 정신이 새롭게 조명되고 계승될 수 있도록 지속적으로 자료를 발굴하고 그의 활동과 사상을 복원해내는 작업이 계속되어야 할 것이다.

2013년 4월

전남대학교 인문대학 부학장 김병인

| 차 례 |

#『Autobiographical history of the patriots Lee-inhaeng』

Noh-giuook

Jeollanam-Hampyeong nasanmyeon chopori teacher Lee inhaeng was born. Independent deployment 20C Korean independence movement activist. Hampyeong, Yeongam-gun 3.1 movement for independence was led. Funds independence movement members were recruited to the Provisional Government of the Republic of Korea. Trip to a rural area and was actively involved in the Enlightenment.

Jangseong Intersection Japan arrested by the military police was arrested. Lee inhaeng Japanese Army headquarters, according to a survey revealed the identity. Lee was a correspondent of the Provisional Government of the Republic of Korea National Contest sense department Lee inhaeng.

These positions have a case of the independence movement and was imprisoned in a prison in Taegu. Gwangju Prison transferred again, 2 years and 4 months in prison, was arrested. Lee inhaeng Hampyeong singanhoe founding, Hampyeong peasant movement, usually Hampyeong nasanmyeon schools, Hampyeong private University established Hampyeong Treasuries compensation exercise and deployment. Lee inhaeng patriots who sacrificed himself to solve the contemporary challenges.

Undeterred by Japanese police torture and intimidation of the independence movement were deployed. Lee inhaeng primary goal is the independence of the country was. Provisional Government of the Republic of Korea Lee inhaeng lifetime of history and is a record of the independence movement. Was awarded the Medal of the Government of the Republic of Korea. 2012. 12. 1

조선의 식민지 현실에 눈을 뜨다

조선의 식민지 현실에 눈을 뜨다

이인행(1898.7.27-1975.3.31, 李仁行)선생은 평생을 민족독립운동에 몸 바친 애국지사이다.

그가 태어난 곳은 '두루(咸) 화평한(平) 땅' 전라도 함평 천지이다. 함평 군민들은 산과 강의 지세가 "중국 하남성 기산영수(箕山潁水)와 견줄 만하다."고 말한다. 그만큼 풍광이 수려하기 때문이다.

먼저 이인행선생의 출생과 가계를 살펴보면 함평 사림의 후예로 번창하고 있음을 알 수 있다.[1)]

이인행선생은 함평군 나산면 초포리에서 이재관(李載琯)공과 나주인 임언규(林彦圭)의 따님 임향동(林鄕洞)여사 사이에

1) 24대 이돈현, 25대 이동헌, 26대 이계욱, 27대 이기범, 28대 이재관(백여), 29대 이인행, 30대 이건일·이건필, 31대 이건일 자(철성·석성·덕성·달성·우성·주성·화성), 이건필의 자(익성, 운성)으로 세계가 이어진다.

서 맏아들로 태어났다.[2)]

이인행선생은 이조정랑공 삼회재 이돈현(李敦賢)의 5대손이다. 이돈현은 행의(行誼)가 독실하고 문학에 조예가 깊었다.[3)]

이인행선생은 가문의 문성(文性)을 그대로 이어받아 어려서부터 글공부에 뛰어난 재량을 갖추고 있었다. 항시 책 읽기를 즐거워하고 인자한 성품에 패기가 넘쳤다. 유년시설 중국의 사서를 탐독하고, 청년기에는 조선의 역사·지리·병법·농서를 두루 읽었다. 이인행선생의 논설은 옳고 그름이 분명하였다. 서당 훈장께서는 매번 "인행은 의로운 선비의 향기가 나는 국화같구나!"라고 입을 모았다.

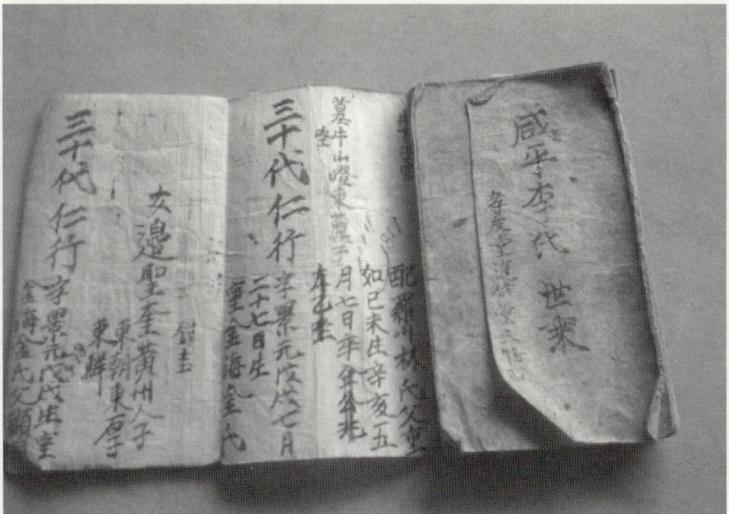

*전거: 『함평이씨가승』

2) 옛 지명은 平陵面 士山里이다.

3) 『咸平與覽』 二卷, 校齋開刊, 乙亥(1935), 二狀·四狀.

이인행선생이 태어나던 전·후 조선은 일본제국주의(日本帝國主義)자들의 침략이 노골화되던 시기였다.

일제는 1894년 한반도 침략에 걸림돌이 되고 있던, 청나라 세력을 조선에서 축출하였다.

그 이듬해에는 을미사변을 일으켜, 러시아와 외교관계를 돈독하게 유지한 명성황후를 시해하는 만행을 저질렀다.

1904년 2월 8일 일제는 러일전쟁을 승리로 이끌면서, 조선에 일본군 2개 사단을 인천항으로 들어 보내 불법 주둔시켰다.

이 불법 주둔 일본군을 기반으로 군사 계엄통치까지 자행하면서 우리나라를 완전한 식민지 상태로 몰아갔다.

일제는 같은 해 8월 22일 '제1차 한일협약'을 강제로 체결하고, 1905년 11월 18일 '제2차 한일협약'을 체결함으로써 대한제국의 자주적 외교권을 강탈하였다.

일본군이 맨 처음 조선에 군대를 주둔한 것은 1896년 1월 110명의 헌병대가 도착하면서 시작되었다.

이들은 1904년 러일전쟁이 일어나자 한국주차헌병대(韓國駐箚憲兵隊)로 명칭을 바꾸었고 의병 탄압에 본분을 두었다.

초대 헌병대장 아까시(明石元二郎)소장은 헌병 인원을 늘리는 한편 사법경찰과 행정경찰까지 장악하며 헌병정치를 자행하였다.

1908년에는 4,065명의 조선인 헌병 보조원까지 만들어,

일제의 앞잡이나 밀정으로 썼다.

일본 헌병대 중 대구 헌병대가 전라도를 관할했으나 곧 광주에 본부를 두게 되었다.

이어 함평·벌교·담양에 헌병 분견소를 설치하고, 영산포·장흥·순천·동복(화순)·장성에 헌병 분대를, 남평·나주·화순·능주 지역에 헌병 파견소, 또는 헌병 출장소를 설치하였다.

함평지역 헌병 파견소는 나산면·학교면·신광면 사천(沙川)·해보면 구밀(求密, 현 문장리)에 설치하였다. 함평읍 기각리에는 순검청(巡檢廳)이 설치되었다.[4]

일제는 함평 지역을 요시찰 지역으로 지정하고 집중 관리하였다.

1910년 8월 22일, 일제는 조선의 매국노 등을 앞세워 한·일늑약을 만들어 조선을 강탈하였다.

1910년 8월 29일, 조선은 경술국치로 국권을 상실하며 나라 잃은 백성이 되었다.

13세의 소년 이인행과 마을 사람들은 땅을 치고 통곡하였다.

이제 조선은 그 누구도 일제의 발 아래서 몸부림치지 않는 백성이 없기 때문이다.

이인행선생은 청소년기에 일제의 침략을 몸소 겪으면서,

4) 『함평군사』, 함평군사편찬위원회, 1984, 420쪽.

운명적으로 민족의 자주 독립투쟁의 책무를 지니게 되었다.

이인행선생은 더욱 노골화된 일제의 침략을 그대로 보고만 있을 수는 없었다.

이인행의 부친 이백여(李佰汝)[5]는 탁지부(度支部稅務主事)에서 세무를 총괄하다가 고향으로 낙향하였다.

탁지부는 1895년(고종 32) 8아문(衙門)을 7부(部)로 개편할 때 탁지아문(度支衙門)을 개칭한 것이다.

정부의 재무를 총괄하고 회계·출납·조세·국채·화폐·은행 등에 관한 일체 사무를 관장하며 각 지방의 재무를 감독하던 중앙관청이었다.

이백여는 항시 자녀들에게 "세독충정(世篤忠貞)으로 국가가 어려울수록 학문을 연구하고 나라를 위해 일하는 일꾼이 되어야 한다."고 가르치셨다.

그러나 1909년 1월 14일 부친은 나라 걱정에 매일 뜬 눈으로 지새우다가 이인행에게 후사를 당부하고 세상을 떠났다.

이인행선생은 약관의 나이가 채 되기도 전에 아버지를 잃고 어머니의 교육을 받게 되었다.

모친인 숙부인(淑夫人) 임항동 여사는 나주 다시면 회진(會津) 나주 임씨 규수였다.

나주 임씨는 호남 사림 중 명문가로 명성을 날린 가문이다. 이 나주 임씨가 명문 사족으로 자리를 지킨 것은, 국난에

5) 이인행의 부친인 이재관(족보명)의 官員 이력서 성명은 李伯汝이다.

주저하지 않고 창의한 가문이기 때문이다.

나주 임씨의 관향인 회진리에서 자란 숙부인 임향동 여사는 성격이 강직하시고 아들을 가르치는 데는 더욱 엄격하였다.

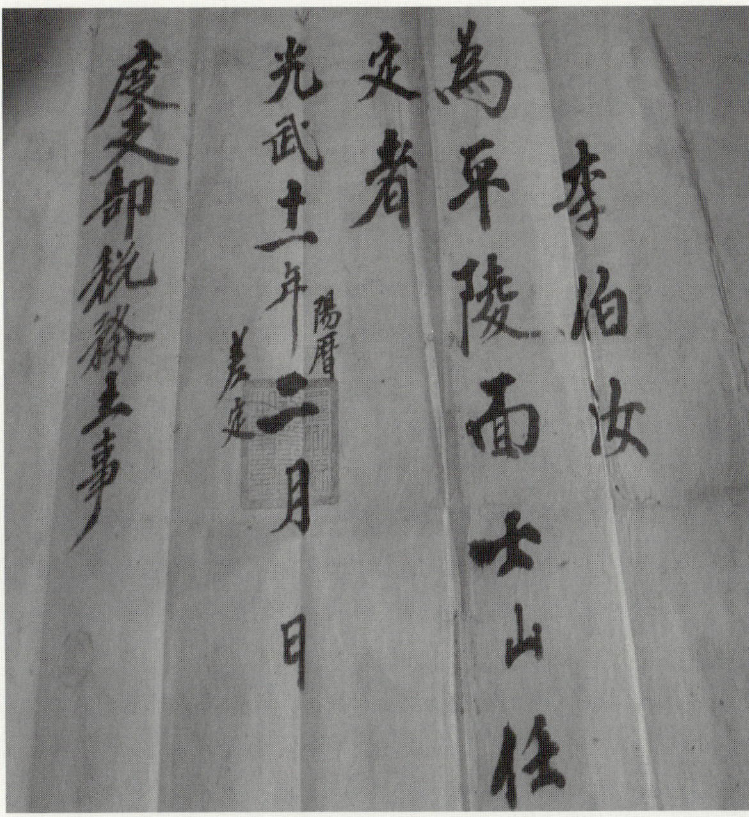
李伯汝
爲平陵面士山任
定者
光武十一年 陽曆 二月 日
差定
度支部稅務主事

*전거: 『이백여 교지』

“이제 나라가 없는 백성이다. 학문을 익히고 나라의 장래를 위해 준비하는 장부가 되어라! 조선이 실력을 양성하고 부국하게 되면 독립을 쟁취하게 될 것이다."라고 가르쳤다.

모친은 선대의 유묵을 펼쳐 보이며 아들에게 선조의 유지를 저버리지 않기를 기대하였다. 일제가 국권을 박탈 망국 상황에서 일제의 침략에 항거한 선대의 활동을 일일이 거론하며 실력양성과 민족정기를 잊지 않도록 하였다.

이인행선생은 어머님의 가르침으로 조선 민족이 나갈 길이 무엇인지를 알게 되었다.

비로소 조선 민족이 처한 식민지 현실에 눈을 뜨게 되었다. 조선 민족을 위하는 길이 독립운동이라는 사실을 알게 되었다.

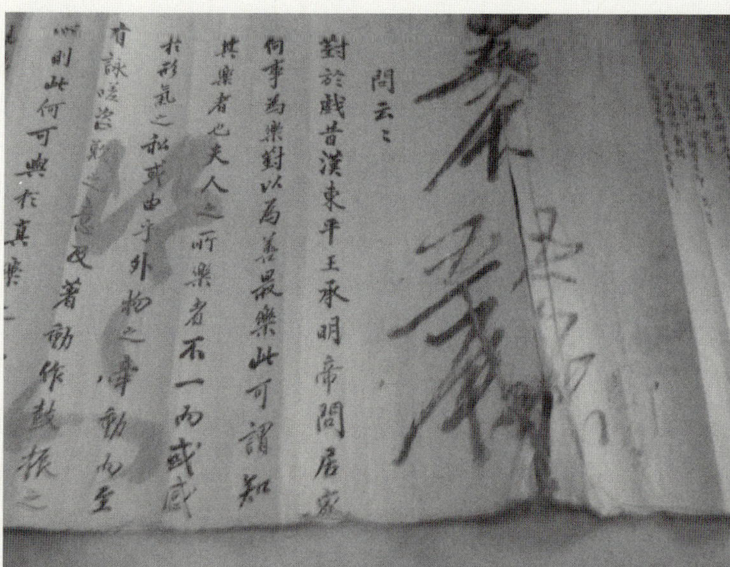
問云云
對於戲昔漢東平王承明帝問居家
何事爲樂對以爲善最樂此可謂知
其樂者也夫人之所樂者不一而或感
於形氣之私或由於外物之牽動而至
有詠嗟咨歎之也及著動作鼓振之
則此何可與於真樂之

*전거: 『이백여 과거답안』

이인행선생은 안중근장군과 같이 자신의 몸을 던져, 우리 민족의 독립을 위하는 길을 모색하였다.

이 기간 이인행선생은 실력양성에 몰입하였다. 그리고 조선 민족을 위한 교육과 실업 등에 걸친 실력 양성과 무장투쟁을 통해 국권을 회복하고자 애국운동의 길에 나섰다.

3·1 만세운동으로 일제에 체포되다

3·1 만세운동으로 일제에 체포되다

1918년 21세의 혈열(血熱) 청년 이인행선생은 기산도를 찾아갔다. 일찍부터 두 집안 간에는 깊은 교류가 있었다.

기산도는 을사5적의 암살을 기도하며 의열투쟁을 전개한 인물이다. 이인행선생과 기산도의 만남은 일제에 동조하고 부역하는 반역자들에 대한 척결 방안을 찾아내는데 있었다.

이인행선생은 기산도에게 "나라가 위기에 처하였는데 조선을 팔아 부귀영화를 누리는 매국노와 부일 협력자를 처단합시다. 조선 민족의 국권 회복을 위해 무장투쟁으로 거사를 이룹시다. 의혈 동지로 나라 안의 큰 적을 소멸함이 어떻겠습니까?"라고 하였다.

기산도는 "의혈 동지들과 함께 거사를 이룹시다."라고 대답하였다.

이인행선생은 "동지들과 함께 목숨을 다해 활동하겠습니다."라고 결의하였다.

1918년 이인행선생은 기산도와 함께 목숨을 다해 독립운동가의 길을 가기로 동지 혈맹서에 서약하였다.

이인행선생의 고향인 나산(羅山)에서는 일찍부터 국권회복을 위해 많은 인사들이 무장 투쟁대열에 나갔었다.

대표 인사로는 참모장 유병기(劉秉基)는 매국노 타도를 위해 김태원(金泰元) · 김률(金律) · 백낙구(白樂九) 등과 동지를 규합하였다. 이같은 지역적인 환경도 이인행선생에게 영향을 미치게 되었던 것이다.

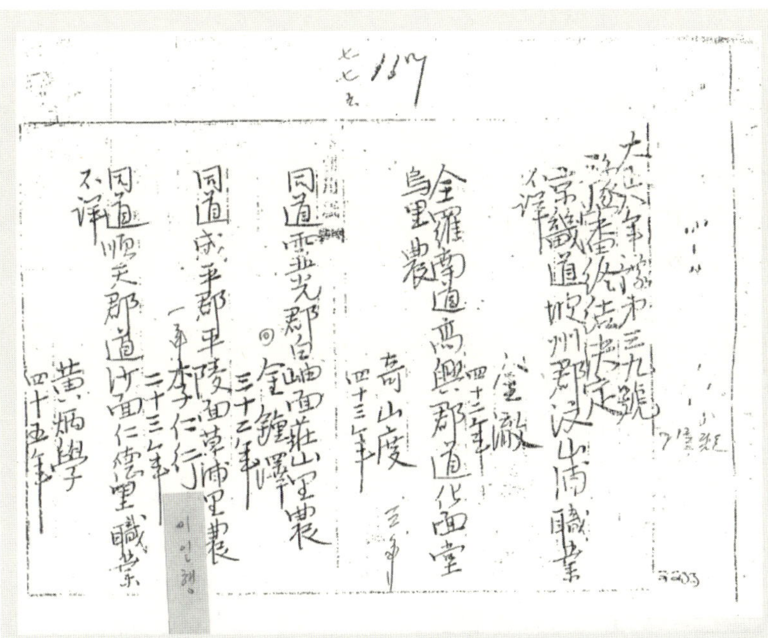

*전거: 『판결문』 이인행판결문

이인행선생은 동지들과 조선 각처를 다니면서, 가정부 선전활동 · 군령장 배부 · 군자금을 모집 활동을 강행하였다.[6)]

『매일신보』에 등장한 이인행선생의 동지들은 기산도(奇山度) · 김종택(金鍾澤) · 김철(金澈) · 박은용(朴殷容) · 황병학(黃炳學) · 민치환(閔致煥) · 김영탁(金永鐸) · 이문복(李文復) · 홍종욱(洪鍾郁) · 김요선(金堯璿) · 김영식(金永植) · 황용주(黃龍周) · 윤용섭(尹龍燮) · 이공삼(李工三) · 안재우(安在宇) · 김창규(金昌奎) · 조원규(趙元奎) · 조덕중(趙德仲) 등이었다.[7)]

1919년 11월 11일 『독립신문』에서는 장성에서 기산도와 동지 5인과 활동하다가 체포된 사실을 기사로 적고 있다.

> 一日 敵의 報道에 依하건대 獨立黨 河(高)一淸氏는 京城鐘路 六丁目 安佑叡氏의 地下室에서 朴幸源, 鄭泰英氏 其他 同志 九人과 合力하야 獨立에 關한 文章을 印刷하다가 被捕하다 氏는 鬱陵島에 本部를 置하고 光復事業에 從事하는 吽哆(훔치)敎에 關係가 有하다고. 李採雨, 金永淳, 蔡東曦 諸氏外 六人은 京城에 總部를 設하고 各道에 支部를 置할 次로 多數의 拳銃을 輸入하엿스며 軍資金을 收集하다가 倭警게 被捕하다 全南道 奇山度氏는 此系統으로 長城에서 同志五人과 活動하다가 被捕取調中이라. 高元成, 金相玉 兩氏는 京城서 大韓民會趣旨書 其他 五種의 印刷物을 配布하랴다기 被捕하다. 李日宣氏는 四月 以來에 京城서 李定燦, 張敏衡, 劉喜敬 諸氏와 國民新報, 國恥紀念號 等을 發行하다가 李日宣氏는 春川에서 其外諸氏는 京城서 敵에게 被捕하엿다 李日宣氏는 家宅搜索을 當하야 宣言書外 七種文書를 見奪하다. 金炳德氏는 安東縣에서 二書箱의 文書를 多數 輸入하다가 被捕하다 安秉燦氏를 中心으로 한 獨立黨十七人은 多數 文書를 見奪하고 被捕取調 中이라.[8)]

---

6) 『매일신보』, 朝鮮獨立運動의 軍資金을 募集코자, 1919년 11월 3일.
7) 『매일신보』, 朝鮮獨立運動의 軍資金을 募集코자, 1919년 11월 3일.
8) 『독립신문』, 敵의 毒手에 陷함, 1919년 11월 11일.

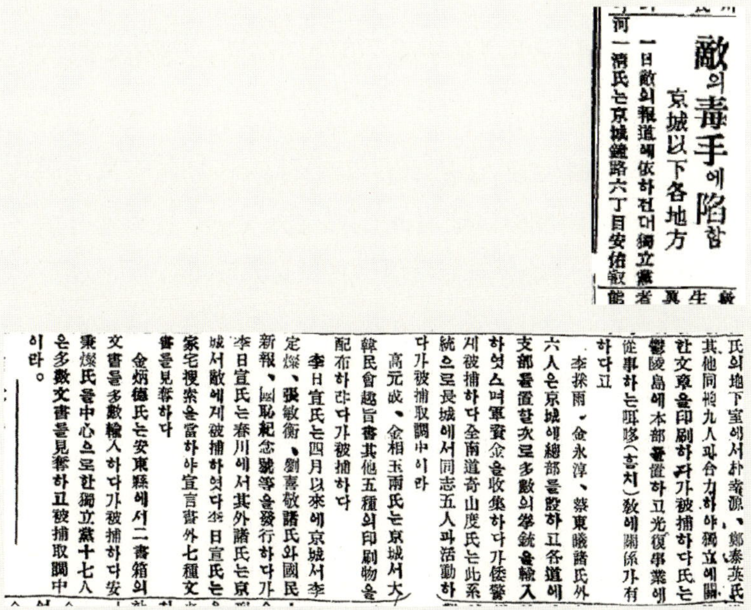

敵의 毒手에 陷함

京城以下各地方

一日敵의報道에依하건대獨立黨者河一淸氏는京城鍾路六丁目安佑叡館氏의地下室에서朴奇源、鄭泰英氏其他同志九人과合力하야獨立에關한文章을印刷하랴가被捕하다氏는鬱陵島에本部를置하고光復事業에從事하는吽哆(훔치)敎에關係가有하다고

李採雨、金永淳、蔡東曦諸氏外六人은京城에總部를設하고各道에支部를置할次로多數의拳銃을輸入하엿스며軍資金을收集하다가倭警게被捕하다全南道奇山度氏는此系統으로長城에서同志五人과活動하다가被捕取調中이라

高元成、金相玉兩氏는京城서大韓民會趣旨書其他五種의印刷物을配布하랴다가被捕하다

李日宣氏는四月以來에京城서李定燦、張敏衡、劉喜敬諸氏와國民新報、國恥紀念號等을發行하다가李日宣氏는春川에서其外諸氏는京城서敵에게被捕하엿다李日宣氏는家宅搜索을當하야宣言書外七種文書를見奪하다

金炳德氏는安東縣에서二書箱의文書를多數輸入하다가被捕하다安秉燦氏를中心으로한獨立黨十七人은多數文書를見奪하고被捕取調中이라。

*전거: 『독립신문』, 敵의 毒手에 陷함, 1919년 11월 11일

이러한 이인행선생의 독립운동과 동지들의 활동은 일제에 표적이 되어 체포되기 시작하였다.

당시 신문에서는 1919년 10월 21일부터 1920년 8월 3일 공판판결을 받을 때까지 자세하게 전하고 있다.

그만큼 이 사건은 조선백성과 일제 모두에게 관심이 집중된 중대사건이었다.

먼저 종로경찰서에 이채우(李採雨) · 김영준(金永準) · 박선익(朴善翊) · 최성우(崔誠愚) · 김년제(金秊濟) 등이 체포되기 시작하였다.

이들 중 이채우·김영준은 천도교 최동희(崔東曦) 안내로 만주 길림성 류동설(柳東說)을 만나 독립투쟁을 전개하면서 국경을 넘나들면서 노출된 것이다.

1909년 10월 26일 안중근(安重根)참모장에게 이토 히로부미(伊藤博文)가 사살되자, 일제는 류동설을 배후 조종자로 지목할 정도로 독립운동가들과 관련이 깊었다.

1915년 만주로 무대를 옮긴 류동설은 주요 독립운동 전략을 국내 동지들에게 연통방식으로 전달하고 있었다.

류동설은 1918년 윌슨의 민족자결주의가 발표되자, 김동삼(金東三)·김좌진(金佐鎭) 등과 무오독립선언을 발표하였다.

한성 임시정부의 참모부 총장과 노령 대한국민회의 정부 참모총장으로 활동하였다. 임시정부가 상해임시정부로 일원화되면서 임무 승계로 상해 임시정부 참모총장이 되었다.

류동설의 지령을 받고 만주에서 돌아온 동지들은 경성 황금정(黃金町) 2정목(丁目) 신문관(新文館)에서 한성임시정부 군령장을 인쇄하였다. 이들이 박선익(朴善翊)·최성우(崔誠愚)·김년제(金秊濟) 등이다.

그리고 이인행선생의 동지들은 각도에 애국금령수위원(愛國金領受委員)으로 활동하다 체포되었다.

애국금령수위원들은 군자금 모집과 가정부 선전에 주력하였다. 전라남도애국금령수위원(全羅南道愛國金領受委員) 기산도와 경성부애국금령수위원(京城府愛國金領受委員) 김종택 외 4名은 물산회사를 조직하고 그 주금(株金)으로 모집한 돈을 상해로 보내었었다.

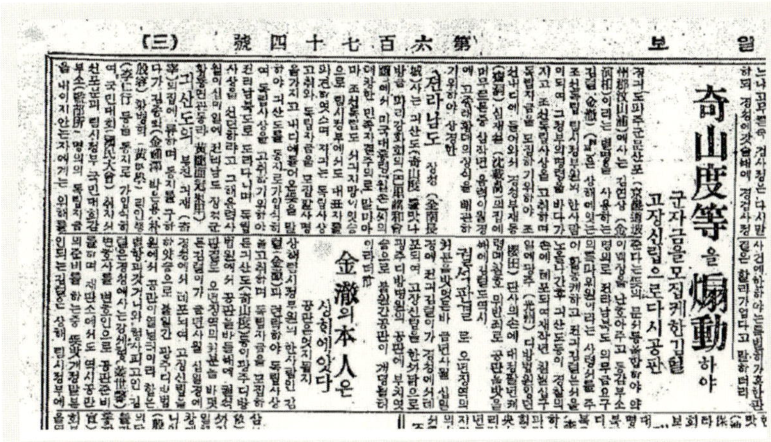
(三) 第六百七十四號

奇山度等을 煽動하야

군자금을모집케한김텰
고장신립으로다시공판

金澈의本人은 상히에잇다

*전거: 『동아일보』, 기산도 등을 선동하야, 1922년 7월 3일

전라남도애국금령수위원들은 경성 종로경찰서에 체포된 이채우(李採雨)·김영준(金永準)·박선익(朴善翊)·최성우(崔誠愚)·김년제(金秊濟) 등과 연통하고 있었던 것이다.

기산도외 5명은 공판과정에서 이인행, 황병학, 김학로, 박은용으로 장성군 황룡면 관지리에서 김종택은 영광군 백수면에서 10월 19일부터 10월 29일 사이에 체포되었다.[9)]

일제가 공판을 개정하면서 애국지사들의 활동 사항이 밝혀지기 시작하였다.

이채우는 1919년 10월 전라북도에서 독립군자금 모금활동을 하던 중 일제에 조사를 받고, 1921년 독립운동을 전개하다가 징역 2년형을 선고받았다.

9) 『매일신보』, 朝鮮獨立運動의 軍資金을 募集코자, 1919년 11월 3일.

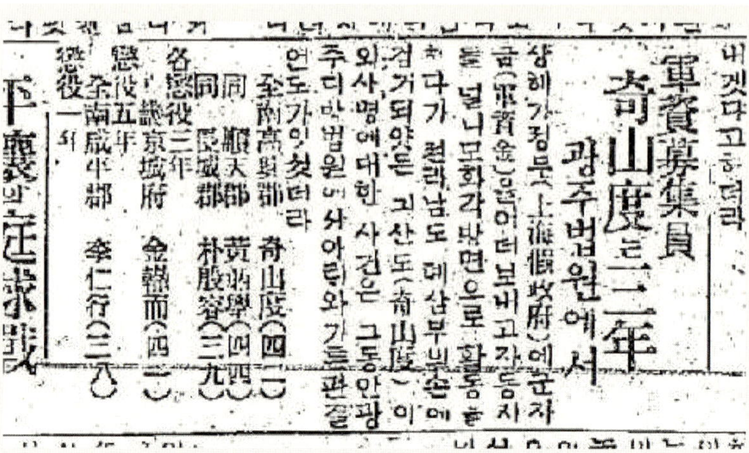

軍資募集員
奇山度는三年
광주법원에서

상해가정부(上海假政府)에군자금(軍資金)을어더보내고자동지들을널니모화각방면으로활동을하다가 전라남도 [illegible] 검거되얏든 긔산도(奇山度)이외 사명에대한 사건은 그동안광주디방법원에서 아래와가튼판결언도가잇섯더라

全南高興郡 奇山度(四二)
同 順天郡 黃炳學(四四)
同 長城郡 朴殷容(三九)
各懲役三年
京畿京城府 金鐵而(四二)
懲役五年 全南咸平郡 李仁行(三六)
懲役一年

*전거: 『동아일보』, 군자금모집원 기산도는 3년 광주법원에서, 1920년 8월 6일

최성우는 1922년 동아일보와 언론인으로 활동하였다.

최동희는 상해로 망명하여 고려혁명위원회(高麗革命委員會)를 조직하여 독립 투쟁을 전개하였다.

이인행선생의 동지들은 국민대회 감부서 요원으로 국내와 만주 그리고 상해를 오가면서 활동하였다.

이인행선생의 동지 기산도는 전남 장성 출신으로 일찍이 기독교학교 교사를 지냈었다. 호남지역에서 민중들에게 민영환의 충절을 기리는 대나무(血竹圖)를 묵화로 그려 독립운동을 고취시켰다.[10]

---

10) 『동아일보』, 軍資募集員 奇山度는 三年言渡, 광주법원서, 1920년 8월 6일.

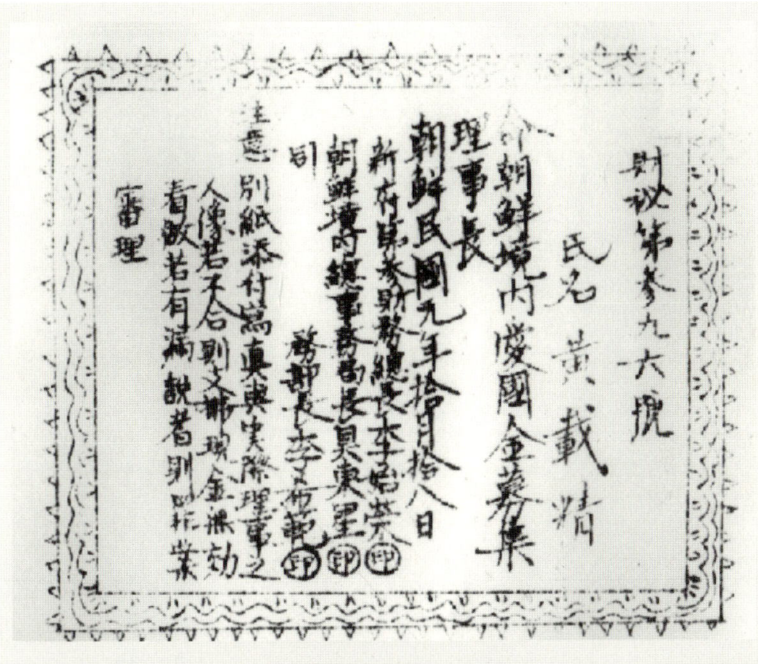

財秘第參九六號
氏名 黃載精
右朝鮮境內愛國金募集
理事長
朝鮮民國九年拾月拾八日
新府財務總長 李始榮
朝鮮境內總事務局長 吳東星
局 務部長 李文範
注意 別紙添付爲眞與實際理事之
人像若不合則支拂現金無効
看做若有漏洩者則以死罪
審理

*전거: 『독립기념관』, 애국금 모집원 신분증

이인행선생은 기산도와 군자금 모집을 위해 황병학·김학로·박은용·김철 등과 적극적으로 독립운동을 전개하였던 것이다.

이 죄목으로 이인행선생은 1920년 8월 6일 1년형을 언도받았다.

조선이 일본에게 주권을 빼앗긴 후 10년이 지나는 동안 국제정세가 크게 변하였다.

제1차 세계대전이 연합국 측의 승리로 끝나면서 미국의 윌슨 대통령은 1918년 1월 강화조약의 기본조건으로 14개 조항의 원칙을 발표하였다.

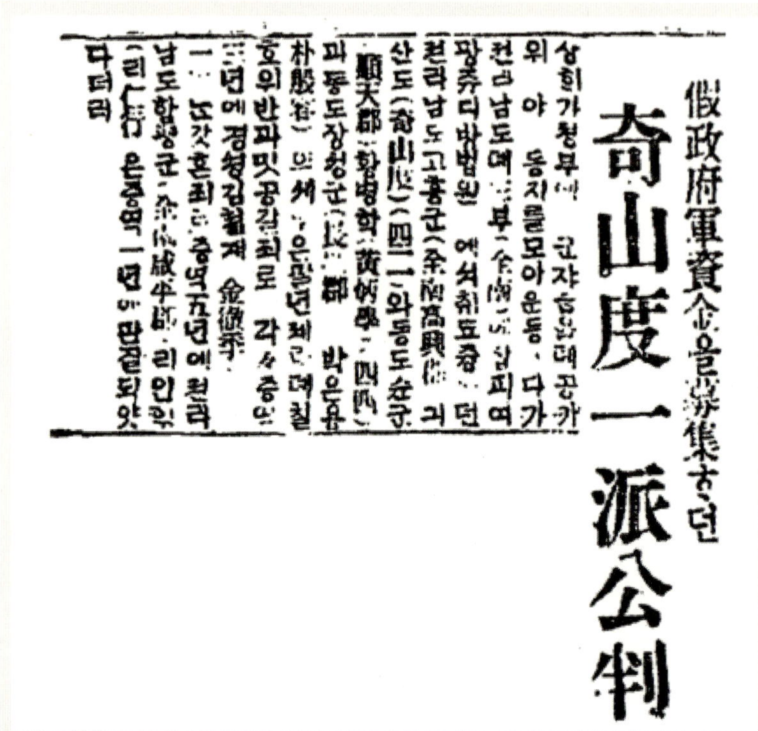

假政府軍資金을募集하던

奇山度一派公判

*전거: 『조선일보』, 가정부 군자금을 모집하던 奇山度 일파 공판, 1920년 8월 3일

그 중에는 각 민족의 운명은 그 민족 스스로가 결정한다는 이른바 민족 자결주의 원칙이 포함되어 있었다.

이러한 까닭에 이인행선생은 동지들과 첫째 방안으로 통합된 임시정부 수립을 주장하였다.[11] 조선의 자주독립을 위해 국제적인 일제 타도가 절대 필요하였기 때문이다. 그 당시 타민족으로부터 압박을 당하고 있던 전 세계의 약소민족

11) 함평인 정재식(鄭在植) 증언이 참고 된다(『전남일보』, 萬歲 六十年, 1979년 2월 19일).

들에게 독립운동의 기회였다.

다른 한편, 애국지사 이인행선생의 체포 이전의 활동은 거국적인 만세운동에도 주력하였음을 알 수 있다.

기산도로 부터 "1919년 1월 21일 고종황제가 일제에게 독살되었다."는 전갈과 함께, 곧 바로 동지들의 회합을 알려왔다.

애국지사 이인행선생과 동지들은 조선에서 일제를 몰아내기 위한 거사를 모의하고, 고종황제 곡반소에 봉도기(奉悼旗)를 가지고 참여하기로 결정하였다. 이인행선생과 동지들은 새벽 기차로 함평에서 온 동지들과 경성으로 향하였다.[12)]

봉도기는 폭이 3자에 길이 10자 붉은색 비단으로 '황제전하 봉도기'라고 썼다. 봉도기는 모두가 자비 부담으로 만들었다. 조선팔도 시·군·면 대표들도 봉도기를 들고 나왔다.[13)]

봉도기는 시·군·면민이 애도 표현으로 만든 것이다.

조선시대 국가 상례(喪禮)인 인산(因山) 기간은 6개월이었다. 그러나 고종황제의 장례는 조선 민중의 폭동을 우려하여, 일제가 1달 정도로 축소하였다.

고종황제의 국장기간은 1919년 1월 22일부터 3월 3일까지였다.

1919년 3월 3일, 조선의 26대 왕이자 대한제국의 첫 황제가 된 고종황제 이희(李煕)의 장례식이 거행되는 날이다. 대

---

12) 『함평군지』, 함평군지편찬위원회, 1969, 121쪽.

13) 『동아일보』, 3.1절규 빼저린 항일 도큐멘트 의거에 뛰어든 어느 투사, 1971년 3월 1일.

한제국 고종황제의 석연치 않는 죽음과, 일제의 압제에 눌린 조선 백성들의 서러운 울분이 뒤섞이는 현장이었다.

조선백성들은 고종황제의 조문을 위해 서울로 상경하였다.

고종황제의 인산은 일제가 치룬 공식적인 국장(國葬)이었음에도 불구하고 일본식만을 고집할 수 없었다. 일제방식과 조선 상례가 뒤섞인 모습이었다.

*전거: 『독립기념관소장』 고종황제 장례

1919년 3월 1일 이인행선생은 고종황제의 인산에 참여하였다.14)

14) 『함평군지』, 함평군지편찬위원회, 1969, 121쪽.

이인행선생은 고종황제의 서거에 대해 봉도와 곡배를 갖추었다. 곡배를 위해 긴 조문객 행렬이 끝이 없었다.

이인행선생과 동지들은 백립에 흰 두루마기를 착용하였다. 이인행선생과 동지들은 식민지 현실과 슬픔을 달래며 독립운동의 결의를 마음 속 깊이 다졌다.

이날 덕수궁 정문 대한문(大漢門) 밖 국상 곡반소(哭班所)에 들어가 통곡하는 인사들은 자리를 뜨지 못했다. 조선 선비들은 발길이 무거웠고, 규수들과 백성들은 통곡과 눈물로 천지를 울음바다로 만들었다.

이는 조선 사회의 몰락과 식민지 현실을 관통하는 모습이었다.

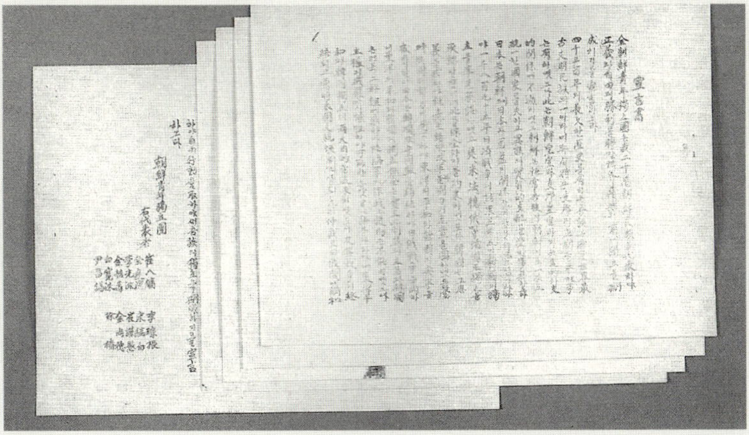

*전거: 『2 · 8 독립선언서』, 독립기념관 소장

이인행선생과 동지들은 별도의 모임을 갖고 "조선민족의 자주독립을 위해 피 흘릴 준비가 되어 있다."라고 하며 굳게 맹세하였다.

그리고 고종황제가 승하한 서쪽 덕수궁 함녕전 방향을 바라보며 마지막 망곡(望哭)을 올렸다. 그리고 파고다공원으로 발길을 돌렸다. 독립만세 대열과 만세 참가자들이 시내로 향하는 만세 행진에 함께하기로 하였다.

국외 독립운동가들도 조선독립을 위해 움직이고 있었다. 먼저 1918(무오)년 간도에서 독립선언이 발표되고 애국지사들의 분투가 이어졌다.

이어서 1919년 2월 8일 최원순 · 장영규 · 최팔용 · 윤창석 · 서춘 · 김도연 · 송계백 · 변희용 · 강종섭 · 이봉수 · 백관수 · 김철수 등 6백여 명의 일본유학생들이 2·8독립선언을 공포하였다.[15)]

이러한 와중에 1919년 국내에서도 독립선언을 계획하였다. 국내 거국적 독립선언이 3·1 만세운동이다. 이 운동은 천도교 제3세 교주 손병희가 전국 37개 교구에 제반 준비를 은밀히 진행하면서 구체화되었다. 3·1 만세운동의 거사를 위해 여러 단체의 협조가 절실하였다.

손병희는 오세창·양한묵·최린 등과 민족적 거사를 구체화하였다. 애국지사·사회계·전직 관료계·종교계 등 각계각층을

15) 우당기념관, 박도, 『사진으로 엮은 한국독립운동사』, 눈빛, 2005.
『전남매일신문』, 동경 2 · 8선언 비사(상)』, 1972년. 3월. 2일.
『전남매일신문』, 동경 2 · 8선언 비사(중)』, 1972년. 3월. 3일.
『전남매일신문』, 동경 2 · 8선언 비사(하)』, 1972년. 3월. 4일.

망라하기로 하였다.

1919년 1월말 천도교의 이종일이 관서지방으로 가 이승훈의 협조를 구하였다. 이곳에는 상해에서 온 신한청년당 선우혁이 들어와 있었다.

이종일과 이승훈은 과거 신민회의 동지로 협상이 순탄하였다. 1919년 2월 12일 이승훈은 서울로 와 손병희와 거사일을 3월 1일로 확정하였다.

이어 1919년 1월과 2월 하순 보성전문학교·경성의학전문학교·경성전수학원·경성공업전문학교·경성여고보·세브란스의학전문학교·연희전문학교 등의 학생세력들도 규합하였다.

따라서 조선 민족의 자주적인 3·1 만세운동은 거국적인 진영을 갖추었다.

宣言書

*전거: 『독립기념관소장』 독립선언서

1919년 2월 27일 보성사에서 「독립선언서」 2만 1천매가 인쇄되었다. 그리고 기관지인 『조선독립신문』 1만부가 간행되었다.

다음날 민족대표들이 손병희의 집에 도착하여 3·1 만세운동 독립선언서에 서명하였다. 「독립선언서」에 서명한 민족대표는 33인이다. 종교별로는 천도교 대표 15명, 기독교 대표 16명, 불교 대표 2명 이었다.

손병희와 33인은, 태화관에 모여 조선민족의 독립을 선언하는 독립선언서를 낭독하였다.

*전거: 『민족기록화』, 33인의 독립선언서 낭독

1919년 3월 1일 독립선언서가 낭독되었다. 이 후 조선 천지가 "대한독립 만세"의 함성으로 진동하였다.

1919년 3월 1일 오후 1시 파고다공원 군중 앞에서 독립선언서를 낭독한 인물은 경신(儆新)학교 졸업생 정재용(鄭在鎔)이다.[16] 3·1 만세운동 행진 방향이 결정되었다. 종로로 향해 남대문, 의주통, 덕수궁(영성문), 대한문 앞까지 진출하는 것이다. 그리고 다른 방향은 서대문 밖 프랑스 영사관 앞을 지나, 서대문과 소공동(장곡천)에 이르러 충무로(본정)를 돌아오는 것이었다.

이인행선생은 오후 1시 종로 방향으로 만세 시위대에 합류하였다. 3·1 만세운동을 전개하며 "대한독립 만세"를 고창하였다. 저동(영락정)과 을지로(황금정)을 지나 종로로 나가 충무로 2가(본정 2정목) 파출소 앞까지 갔다. 그런데 일제는 해산 명령을 내리기가 무섭게 체포하기 시작하였다.

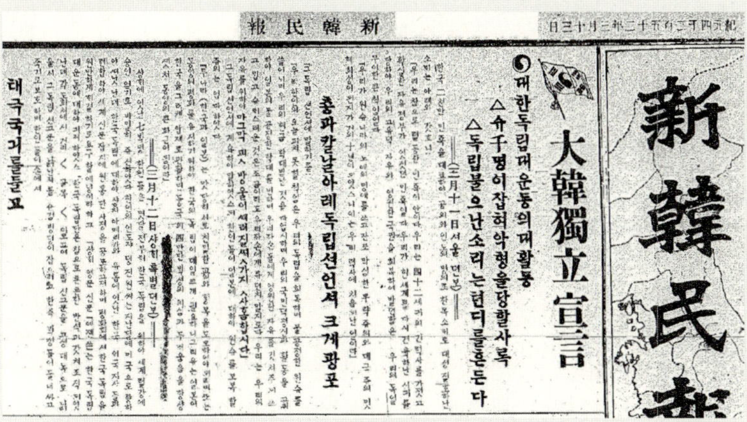

新韓民報

新韓民報

大韓獨立宣言

대한독립대운동의대활동

△슈千명이잡혀악형을당할사록

△독립불으난소리는텬디를흔든다

충파칼날아래독립선언셔 크게광포

태극국긔를들고

*전거: 『신한민보』, 대한독립선언, 1919년 3월 13일

16) 정재용은 해주 출신으로 고양군 벽제면에 거주하고 있다.

일제의 해산 명령에도 "대한독립 만세"는 이어졌다.[17)]

이인행선생은 "독립이여 영원하라!"고 외치며 전진하였다. 결코 잊을 수 없는 날이다. 애국 동지들과 목소리를 높여 "대한독립 만세"를 외쳤다. 이날만을 기다렸다. 만세시위 행렬에 크게 당황한 일제 헌병과 경찰들은 총검을 휘둘렀다. 그러나 식민지 분노의 함성과 만세의 물결은 가라앉지 않았다.

新韓民報

大韓獨立宣言書

집을 다시 짓난데 잇소

우리 민족의 독립이다

The New Korea

*전거: 『신한민보』, 대한독립선언서, 1919년 4월 13일

일제 총독 하세가와 요시미치(長谷川好道)는 조선주둔군 사령관 우쓰노미야 다로(宇都宮太郎)에게 군대로 진압을 요구하자 거절하였다.

17) 『1919년 서울여자전문학교 현황 보고서』, 서울여자전문학교, 1919년 3월 1일.

그러자 일제 총독 하세가와는 진압 경찰에게 발포를 명령하였다. 총칼로 독립 운동을 전개한 시민들을 살육하고 감옥으로 끌고 가기 시작하였다. 이인행선생은 맨 앞에서 곤봉과 총검의 세례를 받고 피투성이가 되었다.

그러나 이인행선생과 애국지사들은 일제의 폭력에 결코 두려워하지 않았다. 더욱 더 만세를 고창하며 행진하였다.

이인행선생과 동지들의 3·1 만세운동 기사가 미국으로 전해진 것은 12일이 지난 후였다.

해외동포들은 조선독립 만세운동을 접하고 기쁨으로 충만하였다.

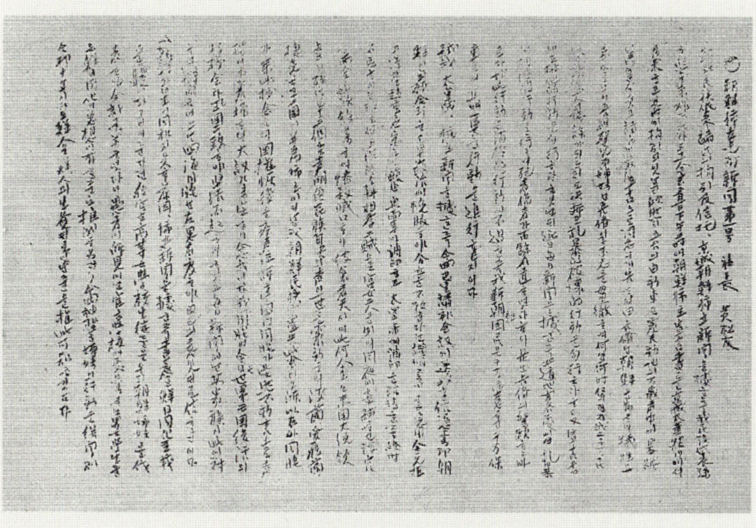

*전거: 『조선독립광주신문 제1호』, 독립기념관소장, 1919년

*전거: 『독립기념관 전시품 도록』, 「인두지짐고문」, 1991년, 71쪽

일제는 이인행선생을 만세 특별 주도 인사로 지목하고 4명의 경찰이 달려들어 종로경찰서로 압송하였다. 거기에는 착검을 한 순사들이 양편에 늘어서 있었다.

밀폐된 방으로 데리고 갔다. 여러 기구가 널려 있는 방으로 데리고 갔다.

이인행선생이 들어서자 마자 일제경찰은 단단한 징을 박은 구두 발로 발을 밟고 짓이겼다.

이인행선생이 쓰러지자 순식간에 수명의 순사가 달려들어 온몸을 마구 찼다.

이 고문실 방에는 6명의 경찰이 지켜보고 있었다.

일제 경찰은 이인행선생의 온몸을 찢어지게 잡아 당겨 형틀에 매달았다.

몸이 가눌 수 없을 때까지 하루 종일 곤봉으로 치고 폭력과 고문을 자행하였다.

고문으로 지쳐 쓰러지고 다시 깨어나는 절명의 순간들이 오갔었다.

독립운동가로 지목되는 순간 일제의 순사와 대질 심문이 시작되었다.

일제경찰간부가 이인행선생에게 물었다. "너는 독립을 외치러 나온 것인가?"

이인행선생은 대답했다. "그렇다." 독립을 원하는 것은 너무나도 당연한 나의 소원이다.

일제경찰간부는 "너에게 독립을 외치고 이 시위에 참가하라고 시킨 우두머리가 누군가?"

이인행선생은 "무엇 때문에 나 이인행이 누군가의 사주를 받는단 말인가 그럴 필요가 없다."라고 대답했다.

일제경찰간부는 "너는 독립을 바라느냐?"라고 질문하였다.

이인행선생은 "조선의 독립을 진심으로 바란다. 그것은 모든 조선 사람들의 열망이며 권리가 아니겠느냐?"

일제경찰간부는 "왜 조선 반도의 자유를 원하느냐?"

이인행선생은 "나는 조선인이다. 그 이유로 조선의 자유와 민주주의를 원한다."

일제경찰간부는 "너희들은 독립을 바란다면서 무엇을 가지고 있느냐?

총이 한 자루라도 있느냐?

칼이 있느냐?

군인이 한 명이라도 있느냐?

서양의 문물을 가져올 군함이 한 척이라도 있느냐?

국가를 다스릴 인재들이 있기라도 하느냐?

너희들이 무엇이 있어서 독립을 할 수 있겠느냐?"

이인행선생이 대답하였다. "총과 칼은 소용이 없다. 우리는 그런 방법으로는 독립을 원하지 않는다. 우리는 다른 민족들이 독립을 원하는 것과 마찬가지로 자유민주주의를 바라고 있다. 너희들도 우리에게 겨우 이것 밖에 못하는데, 우리가 자치를 할 수 없을 것 같은가?"라고 대답하였다.

일제경찰간부는 다시 질문했다. "이 일을 위해 누군가의 사주를 받았다. 그게 누구냐? 너에게 이런 일을 누가 지령을 내렸느냐? 누군지 우리에게 말해 주면 너를 풀어 주도록 하겠다."

이인행선생은 이 말 밖에는 하지 않았다. "대한독립만세!"

라고 말할 뿐이었다.

그러자 일제경찰간부는 말했다. “너는 독립을 원한다. 엉! 터무니없는 생각이다. 감옥에 갇혀 있으면 독립을 얻게 될 것이다. 네 인생은 일본도(日本刀) 끝에 베어져 버릴 것이다.”

이인행선생은 대답했다. “너희들이 나를 죽이더라도 너희가 원하는 부일 협력자는 되지 않을 것이다.”

이인행선생은 더 이상 말하지 않았다.

비록 그들이 폭력과 협박으로 일관하였지만 이인행선생은 조금도 두려워하지 않았다. 그리고 일제의 고문에 타협하지 않았다. 이미 총에 맞아 죽더라도 독립운동을 전개할 것을 동지들과 약속했기 때문이다.

이미 이런 목적에 목숨을 바칠 각오를 하고 있었다.

둘째 날 이인행선생은 첫째 날 취조를 당한 간부보다 더 계급이 높은 간부에게, 두 손을 뒤로 묶인 채로 공중에 매달려 고문과 대질 신문을 받았다.

일제 고문 경찰은 “주모자가 누구냐?”라고 물었다.

이인행선생은 대답하지 않았다.

일제 고문 경찰은 이인행선생에게 “너는 봉도기를 든 우두머리이다. 여기서 살아나갈 수 없다. 주모자를 말해라!” 고 하며 쇠사슬로 머리를 마구 구타하였다. 온 몸이 피로 물들었다. 이인행선생은 얼굴에 찬물이 부었지만 혼미할 뿐이었다.

셋째 날 나는 또다시 취조가 시작되었다. 이날 심문한 경찰간부는 3개의 금띠를 두르고 있었다. 처음부터 죽일 작정이었다. 불 인두를 들고서 "말하라"고 하였다.

이인행선생은 정신을 가누지도 말 할 수도 없었다.

심문한 경찰간부는 이인행선생의 매달린 양팔의 겨드랑이에 불 인두로 지져대는 악독한 고문을 가했다.

이인행선생의 온 몸이 다 타들어갔다.

일제는 이인행선생이 고문에 대답하지 않자 양팔의 겨드랑이를 불 인두로 태우는 잔악한 고문으로 일관하였다.

3·1 만세운동 상황은 1919년 4월 13일부터 4월 23일까지 『신한민보』가 미국 전역에 알렸다. 일제의 잔악성이 극에 이르러, 당시 조선 독립운동가들은 목숨을 지탱하기 어려운 상황이었다. 이인행선생은 3일간 고문으로 피투성이가 된 상태에서 풀려났다.[18)]

1919년 2월 이인행선생과 함께 온 윤백언과 정기연도 일경에게 체포되어 3일간 취조와 고문을 받고 풀려났다. 이인행선생은 동지들과 병원으로 향하였다.

이인행선생은 걸을 수도 없었다. 입원 병원에는 3·1 만세운동으로 좌상(挫傷) 환자가 넘쳤다.

이인행선생이 경험한 3·1 만세운동은 일제 통치 10년 동안의 침묵을 깨고 직접 투쟁한 민족운동이었다.

---

18) 『함평군지』, 함평군지편찬위원회, 1969, 312쪽.

이인행선생과 동지들은 고문 받은 일을 이루 다 말로 할 수 없지만, 결연한 의지로 역량을 성숙시키기로 의견을 모았다. 이인행선생은 일제의 무력에 대항하는 방안으로 민중의 결속을 주장하였다.

1919년 2월 9일자 『매일신보』는 인산에 행로를 대한문에 발인하여 을지로(황금정) 6가를 거쳐 동대문운동장(훈련원)에 도착하기로 결정하고 있다.

조선총독부는 인산 중 대대적인 조선 민중의 시위가 일어나지 않을까 국장기간 내내 긴장하였다.

조선총독부 관보(官報)에 "3월 1일 고종 인산일에 경거망동하거나 허설부언(虛說浮言)을 날조해 인심을 요란케 하는 것과 같은 언동을 감행하는 자는 본 총독이 직권으로 엄중히 처분할 것이다."고 하였다.

조선총독 하세가와는 3·1 만세운동을 지켜보며, 3월 3일 고종황제 장례식을 크게 우려하였다.

1919년 3월 3일 덕수궁과 동대문운동장에서 거행되는 장례식에 전국 각지에서 수십만 명이 모여들었다.

아침 6시경 덕수궁에서 장례식이 시작되었다. 8시쯤 재궁(梓宮; 시신)은 대한문 밖에 있는 대여(大輿)로 옮겨져 백성들의 손에 동대문운동장으로 운구 되었다.

오후 1시경에 동대문운동장을 출발한 운구는 오후 2시경 청량리에서 노제를 지냈다.

*전거: 『고종황제 퇴위를 강요하며 무력시위를 벌였던 일본군』, 독립기념관

조선 민중들은 고종황제를 경건하게 보내드리기로 약속이나 한 듯 인산행렬에 참여하였다.

경성을 가로지르는 긴 인산 행렬이 대로로 나아갈 때 뒤를 따르는 대관들도 마찬가지로 경건하게 줄을 이었다.

서울에는 길목마다 인산인해를 이루었다.

오후 5시가 지나서 망우리에서 전(奠)을 올렸다.

자정이 다 되어 명성황후의 곁 금곡(金谷) 홍릉(洪陵)에 안장되었다.

인산 행렬에는 죽산마와 봉도기 등 여러 의장이 수많은 글귀로 고종황제의 주검을 위로하고 길게 이어졌다.

이인행선생에게 서울에서 3·1 만세운동과 인산참여는 대일 투쟁의 활성화에 밑거름이 되었다.

그리고 다음 투쟁 노선에서 이인행선생의 역량이 빛나게 되었다.

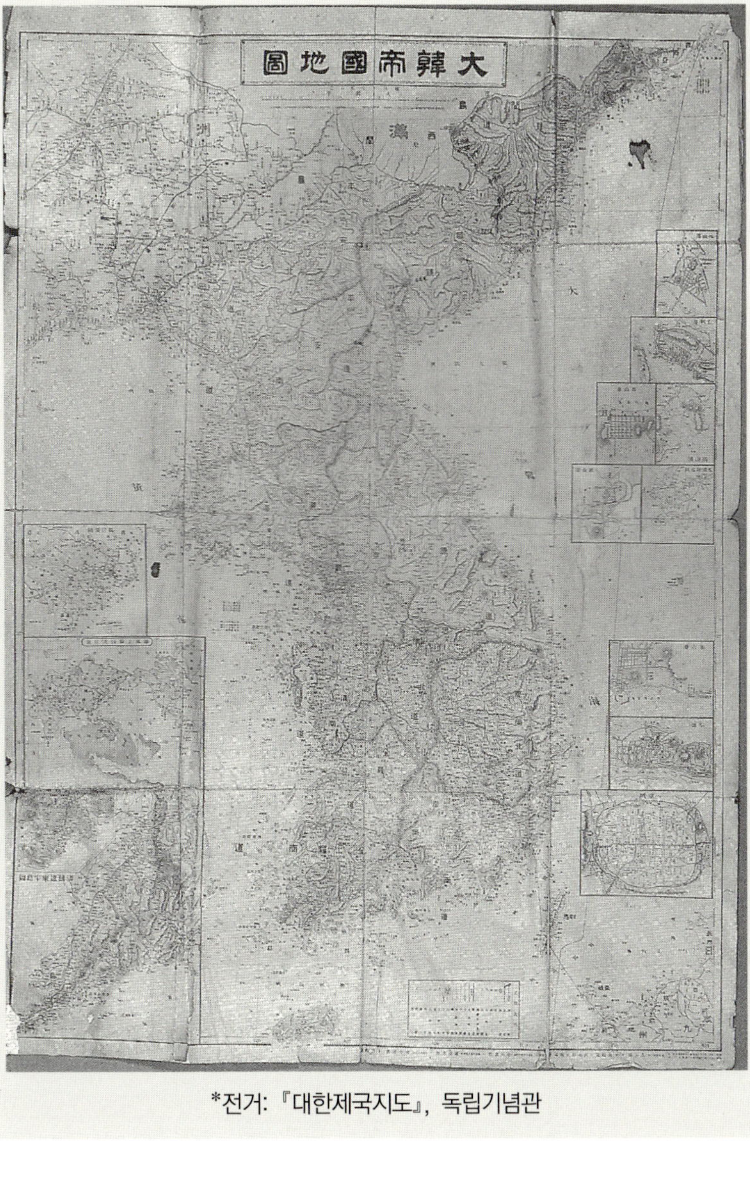

*전거: 『대한제국지도』, 독립기념관

문장 3·1 만세운동에 앞장서다

문장 3·1 만세운동에 앞장서다

이인행선생은 전라남도 국민대회 특파원이 되어 함평·문장·영임 지역의 3·1 만세운동을 지휘하였다.[19)]

1919년 3월 7일 이인행선생은 몸을 추스르고 조선 임시정부를 수립을 위해 인천에서 동지들과 만나기로 하였다.

특히 무정부 상태에서 국가 간 교섭을 담당할 '정부'의 필요성이 부각되었기 때문이다. 한성임시정부 또한 이러한 필요성에 따라 구성되었다.

이인행선생과 동지들은 한성정부를 만들기 위한 초기 준비 작업에 박차를 가했다. 국민대회발기인 행사를 개최키로 동지들의 뜻을 모았다. 국민대회 행사 장소는 인천월미도로 정하였다.

---

19) 『전남일보』, 萬歲 六十年, 1979년 2월 19일.

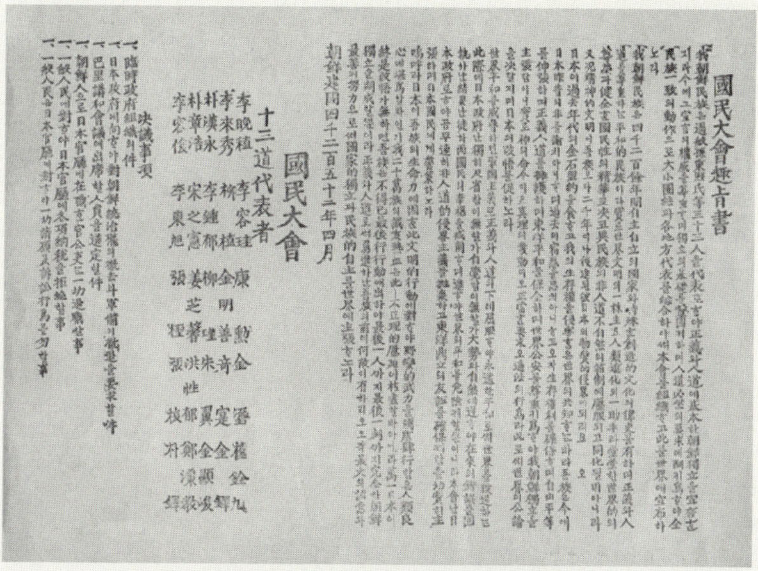
國民大會趣旨書

十三道代表者

國民大會

*전거: 『독립기념관』, 국민대회취지서

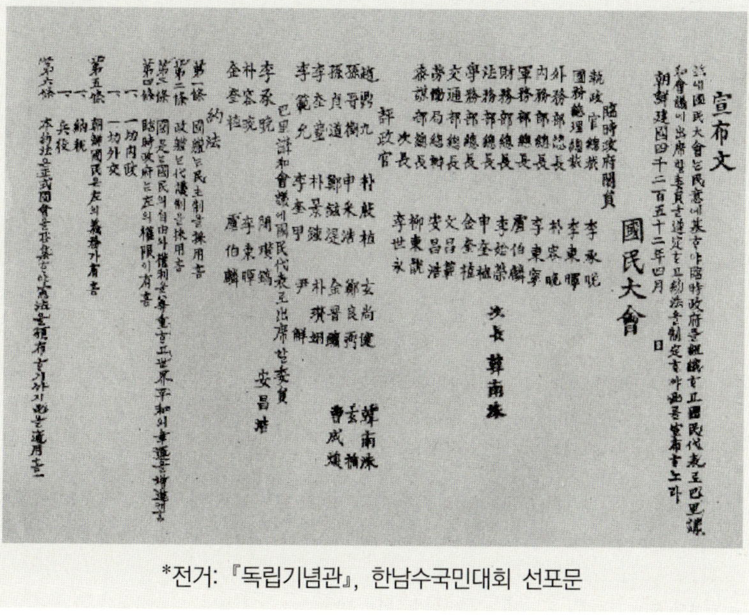
宣布文

國民大會

*전거: 『독립기념관』, 한남수국민대회 선포문

이인행선생과 동지들은 인천월미도에 모였다. 인천월미도에서 한남수(韓南洙) 동지가 국민대회발기인대회 개회사를 낭독하였다.

이를 시작으로 국민대회 발기인 조선 전국13도 대표를 선출하였다. 애국지사들은 국민대회발기인 취지문에 서명하고 취지에 찬동 결의하였다.

*전거: 『옛 사진 엽서를 통해본 개화기 인천 모습과 우리의 풍속』 월미도

이 국민대회발기인 대회에서 이인행선생은 전라남도 국민대회 특파원으로 임무가 부여되었다.[20]

1919년 3월 15일 이인행선생은 함평의 책임자가 되어 함평

---

20) 『전남일보』, 萬歲 六十年, 1979년 2월 19일.

으로 돌아왔다.

함평에 돌아온 이인행선생은 윤백언·정기연 등과 집행부를 구성하고 만세운동을 계획하였다. 3·1 만세운동을 거족적으로 이끌기 위해 장날을 선택하기로 하였다.

이인행선생은 함평장날을 통해 민중을 규합하고 함평청년회와 함평보통학교 학생들의 참여를 유도하였다. 또한, 4월 7일과 4월 8일 연속적으로 독립 만세운동을 실시하기로 세부 계획을 수립하였다. 세부계획으로 1919년 4월 7일 독립 만세운동의 장소를 함평읍내 시장으로 정하였다.[21)]

그리고 함평읍내 시장에서 집약된 민족운동 동력을, 연이어 4월 8일 문장 장터로 결집시켜 3·1 만세운동을 거족적으로 성사시키기로 하였다.

이인행선생이 함평 3·1 만세운동과 문장 3·1 만세운동을 연속적으로 계획한 것은, 인근 지역으로 3·1 만세운동이 확산 되도록 하는데 목적이 있었다.

1919년 4월 2일 이인행선생은 만국공원에서 열리는 임시정부 선포 13도 대표자회의에 재차 참석하고 돌아왔다.

이인행선생은 일제의 눈을 피해 문장 3·1 만세운동을 계획한 모임장소로 낙영재를 선택하였다.

낙영재는 교통이 편리하여 각지의 동지들이 만나기에 적합하였다.

---

21) 『함평군지』, 함평군지편찬위원회, 1969, 121쪽.

낙영재는 함평지역 독립만세운동의 거점으로 이용되었던 것이다. 그러나 1943년경 태풍으로 완전 파괴되었다. 이를 군민이 복원하려 하자 일제는 반일 거점지역이라 허락하지 않았었다.

*전거: 『광주 · 전남독립운동사적지』, 1919년 문장 3 · 1 만세운동 거사 모임 장소 낙영재

최근 3·1 만세운동의 숭고한 뜻을 기려, 낙영재복원추진위원회(1999년)가 구성되었다. 함평군 월야면 월계리 산 35-1에 복원하였다(2005년).

1919년 4월 2일 함평지역 동지들이 낙영재에 재집결하였다. 이인행선생은 동지들에게 인천에서 진행된 국민회의 임시정부 상황을 설명하였다.

이인행선생은 이윤상·김기택·장효섭·정재남 등과 선봉에서 3·1 만세운동을 전개하기로 하였다.

이들은 지역 사회에서 명문 후예들로 따르는 사람들이 많았었다. 다른 청년동지들에게는 3·1 만세운동에 필요한 태극기·격문·선포문 등의 제작에 만전을 기하도록 하였다.

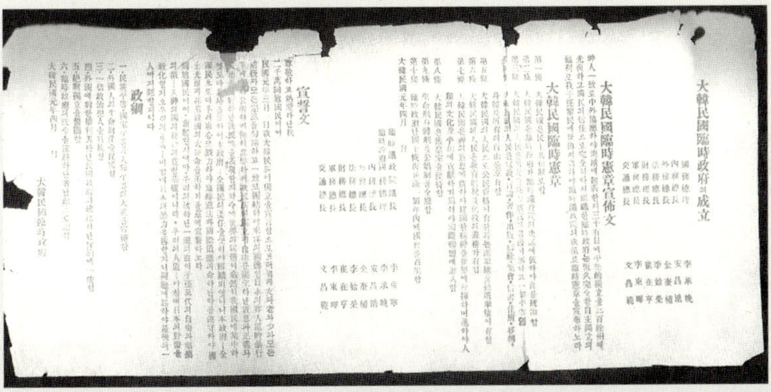
大韓民國臨時政府의成立
大韓民國臨時憲章宣佈文
大韓民國臨時憲章
宣誓文
政綱

*전거: 『대한민국임시정부자료집』, 1919년 4월 선포문

이인행선생의 지휘로 1919년 4월 7일 함평 장에서 3·1 만세운동이 시작되었다. 함평군민들은 태극기를 들고 대한독립 만세를 고창하며 시가를 행진하였다.

이인행선생의 함평 3·1 만세운동의 진행은 동시 다발적 전개로, 일제의 경찰들은 시위장소를 파악하지 못하고 무력화되었다.

일제 경찰은 사태를 뒤 늦게 파악하고 총검으로 진압하였다.

*전거: 『함평 3 · 1 만세운동기념비』, 함평기산공원

일제 경찰들은 함평 읍내 주민들의 강력한 저항에 우왕좌왕하였다.

일제는 경찰병력으로 진압이 불가능하자 일본 헌병대까지 지원을 요청하였다.

일제의 진압 병력은 모두 함평읍으로 집결하였다. 일제의 폭력과 체포 작전이 진행되었다.

다음날 문장 3·1 만세운동이 거행되었다.[22] 이인행선생은 집행부 동지들과 서로 죽기로 맹세하였다. 3·1만세운동 이후 체포되더라도 조직을 발설하지 않기로 결의하였다.

문장 3·1 만세운동은 충분한 역량과 자신감에 넘쳤다. 일제는 문장 3·1 만세운동에 대해 전혀 예상하지 못하고 사전 정보도 입수하지 못하였다.

이인행선생은 4월 8일 오후 2시 이윤상·김기택·정용섭·정재남 등과 굳은 결의로 마지막까지 함평군민들과 함께하기로 하였다. 그것은 비폭력으로 문장 3·1 만세운동을 거행하기 위해서였다. 김기택·정용섭·정재남(鄭在南) 등이 태극기를 높이 들고 독립만세를 부르며 행진하였다. 수백명의 함평군민이 호응하여 문장 장터는 만세소리로 진동하였다. 이들은 문장리에 있던 헌병분소를 기습하고, 함평쪽으로, 영광쪽으로, 송정리쪽으로 행진하였다. 이어 영광, 함평, 장성, 나주에서 지원 나온 일본 경찰대와 헌병이 총검으로 해산을 시도하였다.[23]

---

22) 문장 4·8 만세탑은 1989년 4월 8일 전남함평군 해보면 문장리 135번지에 높이 5.6m 문장 4·8 만세탑을 세웠다. 그러나 2008년 4월 4일 함평군 해보면 금덕리 135번지에 새롭게 문장 4월 8일 3·1만세운동을 기려 『문장 3·1 만세탑』으로 건립하였다.

23) 함평군, 『함평군사』7편, 함평군사편찬위원회, 1999, 1072쪽.

구밀교 공사를 하던 일본인 잡역부 10여명도 일본경찰전위대로 쇠망치를 휘두르며 대오에 뛰어들어 거리를 피로 물들게 하였다. 한편 장터에서는 적 헌병이 출동하여 김기택 등을 구타 검속하였는데 여기에 분개한 장효섭(張孝燮), 이윤상(李潤相) 등이 애국청년들의 즉시 석방을 요구하기도 하자, 일제는 시위 군중을 향해 발포를 자행하였다. 문장 3·1 만세운동은 어두워질 때까지 계속되었고 끝내는 총검 앞에 해산되는데 죽창을 든 일부의 청년이 일경과 대치되는 상황에서 유혈 충돌이 있었다.

*전거: 『문장 3·1 만세 공원 전경』

이인행선생의 면밀한 계획으로 문장 3·1만세운동은 성공하였다. 일제의 간담을 찌른 거사였다. 군민과 민중들의 노도와 같은 함성이 문장 3·1 만세운동의 성공을 알리 듯 산야에 울려 퍼졌다. 이날 사용된 태극기 만해도 1,600여개가 지급되었다.

*전거: 『광주전남독립운동사적지』, 문장 3 · 1 만세운동 옛 기념비

이인행선생의 문장 3·1 만세운동의 성공적 거사는, 전라도 남서부지역 3·1 만세운동의 도화선이 되었다. 이로 인하여 영암 · 무안 · 나주 · 담양 · 장성에서 3·1 만세운동의 불꽃이 타올랐다.

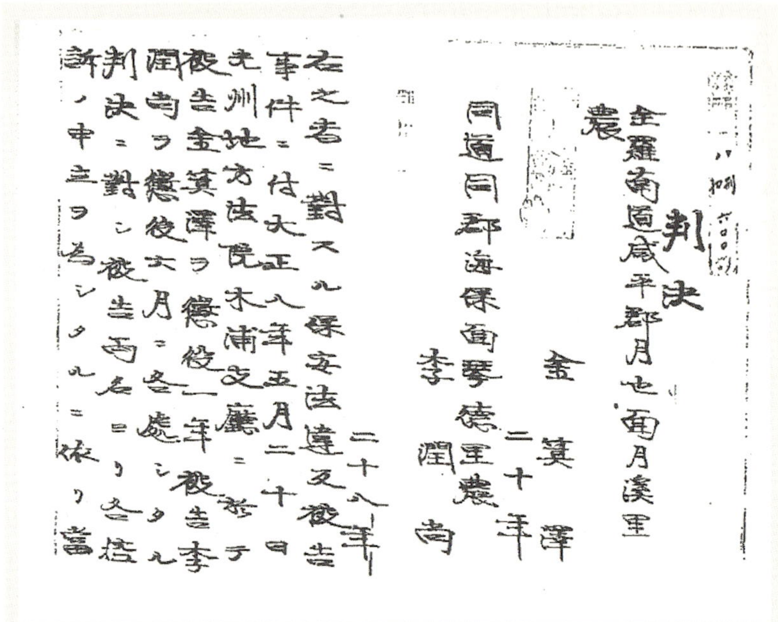

判決

全羅南道咸平郡月也面月溪里
農 金箕澤 二十年
同道同郡海保面琴德里 農
李潤尚 二十八年
右之者ニ對スル保安法違反被告事件ニ付大正八年五月二十日
光州地方法院木浦支廳ニ於テ
被告金箕澤ヲ懲役一年被告李
潤尚ヲ懲役六月ニ各處シタル
判決ニ對シ被告両名ヨリ各控
訴ノ申立ヲ為シタルニ依リ當

*전거: 『함평군 해보면 이윤상판결문』

이인행선생의 문장 3·1만세운동 집행부에서 살포한 전단에는 함평군민의 기상과 독립투쟁 노선을 정확하게 나타내고 있다.

> 슬프다 우리 민족들! 사천년의 역사국으로 어찌하여 왜적 일본에게 국토를 뺏길 수 있으랴! 우리 힘으로 강토를 찾아보자![24]

함평지역 3·1 만세운동은 우리 힘으로 민족의 강토를 회복시킬 것을 다짐하고 있다. 이는 민족운동사에 찬연히 빛나는

24) 함평군, 『함평군사』7편, 함평군사편찬위원회, 1999, 1072쪽.

장면이 될 것이다.

이인행선생과 문장 3·1 만세운동을 사전 결의한 동지들은 이윤상(李潤相)·김기택(金箕澤)·장효섭(張孝燮)·정재남(鄭在南)·정재식(鄭在植)·정용섭(鄭龍燮)·장영안(張永安)·모재명(牟才明)·김여옥(金汝玉)·이양범(李陽範)·이상준(李相俊)·장덕환(張德煥)·장태중(張太仲)·이계동(李啓東)·김용현(金龍鉉)·김재곤(金在崑)·최준달(崔俊達)·모양춘(牟陽春)·민정태(閔鼎泰)·이인덕(李仁德)·김원춘(金源春)·주승환(周昇煥)·윤의병(尹誼炳)이다.

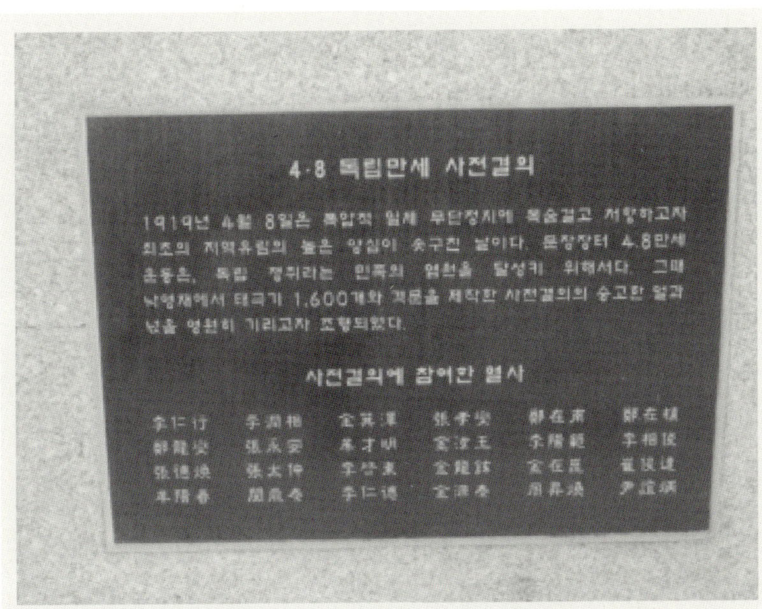

*전거: 『4·8 독립만세 사전결의 비문』

이인행선생과 집행부에서는 1919년 4월 26일 또 다시 함평에서 3·1 만세운동을 거행키로 결의하였다.

특히 이날 행사를 알리는 전단을 김준부와 전기성이 4월 17일부터 함평 주변 지역에 다량으로 살포하였다.

이 정보를 입수한 일제의 검거반이 1919년 4월 18일 김준부·전기성을 체포하였다.

일제경찰 함평주재소에서 오시모도 순사는 김준부·전기성을 고문하였다. 주모자가 누구인지를 밝히기 위해 혈안이 되었다. 결국 전단 살포 요원인 정인옥·장학년·박상수가 추가로 체포되었다.

3·1 만세운동 집행부 요원 중 체포된 함평보통학교 학생 5명은 5일간 혹독한 고문에 시달렸다. 그러자 와다나베 함평보통학교 교장선생은 함평경찰서로 가서 구속된 함평보통학교 학생들의 석방을 강력하게 요구하였다. 1919년 4월 23일 와다나베 함평보통학교 교장선생님의 구명활동으로, 일제경찰에 체포된 함평보통학교 학생들 전원이 석방되었다.

이인행선생은 3·1 만세운동을 영암지역으로 확대하였다.

이인행선생이 영암과 깊은 인연을 맺은 것은 영암 출신의 한만수·이규갑·안상덕과 함께 인천의 만국 공원에서의 '한성 정부' 조직에 참가한 동지들과 연통하고 있었기 때문이다. 또 상해임시정부 요원 이계술(李啓述)과 함평·영암·나주에서 함께 활동한 경력도 작용하였다.[25)]

---

25) 『독립운동사』제3권, 3.1운동사(하), 독립운동사편찬위원회, 1970, 607쪽.

이인행선생은 최한오 등에게 가정부의 유인물을 전달하고 군민들의 분발과 참여를 독려하였다.

영암읍의 조극환 · 정학순 · 최민섭과, 영암군 군서면 구림리의 최한오 · 박규상 · 조병식 등과 서로 공조를 취하였다. 그 결과 구림과 읍내 2곳에서 동시에 거사할 것을 계획하였다. 최한오와 조극환은 300명의 군민을 집결시켜 면사무소로 행진하였다. 1919년 4월 10일 영암지역 3·1 만세운동으로 영암 · 군서면의 유지 · 청년 · 학생 등 30여명이 일제에 검속 당하였다.

이날 3·1 만세운동 참여하여 체포된 인사들은 일제의 폭행과 고문을 당하는 고통을 겪었다. 그 중 20여 명의 인사는 5개월에서 2년 징역형을 구형 당하였다.

*전거: 『독립기념관』, 목포형무소

특히 구림지역 박규상은 1년 옥고를 치르던 중 순절하였다.

1920년 3·1 만세운동의 1주년이 되었다. 함평의 3·1 만세운동을 이끈 이인행선생은 감옥에 수감된 영어(囹圄)의 몸이 되었다. 대부분 집행부 인사들은 구속 수감된 상태였다. 그럼에도 함평에서 3·1 만세운동 1주년을 맞아 거사가 추진되었다.

이는 이인행선생과 3·1 만세운동을 함께한 경력이 있는 조사현(曺士鉉)·송태호(宋太浩)·정기연(鄭琪衍) 등이 활동하고 있었기 때문이다.

1920년 3월 19일 함평공립보통학교(咸平公立普通學校) 기숙사에서 회합을 가졌다. 3월 26일 졸업식이 끝나는 대로 3·1 만세운동을 일으키기로 합의하였다.

함평공립보통학교 시발은 1906년 1월 함평객사에 함평지남학교에서 부터이다. 그런데 설립 2년째 함평지남학교학생들은 일제 침략을 거부하며 학생 봉기를 일으켜 폐교되었다. 그 후 1911년 11월 3일 함평공립보통학교로 다시 개교하였다.

1920년 3월 26일 함평공립보통학교 3·1 만세운동 1주년 거사는 조사현·김재문이 이끌기로 하였다. 그리고 김용언(金用彦)·윤태완(尹泰完)·이행록(李行錄)은 학생들을 인솔을 맡았다. 인근 지역 담당으로 함평읍은 윤치영, 대동면은 김준령, 나산면은 정기연, 타 시·군 연락은 모순기와 정영조가 맡았다.

1920년 3월 21일부터 23일까지 함평 최봉길·모순기 집에서 태극기를 제작하였다. 최봉길의 집에서는 윤치선이, 모순기 집에서는 송대호·장정현·이재주가 지원하였다.

3·1 만세운동에 사용할 태극기 제작이 끝나자 함평공립보통학교 기숙사로 가져갔다. 이때 함평공립보통학교 김용언은 거사에 사용할 태극기를 기숙사 지하에 숨겼다.

1920년 3월 26일 송태호와 정기연은 등교하는 학생들에게 졸업식이 끝난 후 3·1 만세운동에 참여할 것을 권유하였다.

1920년 3월 26일 오후 졸업식이 끝나자, 송태호와 정기연은 학생들을 인솔하고 함평읍내 시장으로 갔다. 함평읍내 시장에는 많은 인파가 붐볐다.

3·1 만세운동 1주년 거사가 이루어지는 순간이었다. 이 3·1 만세운동은 남다른 의미가 있었다. 이인행선생과 3·1 만세운동 집행부가 모두 검거되거나 옥고를 치룬 상태에서 자발적으로 이룩한 민족운동이라 하겠다.

송태호와 정기연은 태극기를 흔들고 독립만세를 부르며 함평읍내 교리(橋里)로 행진하였다. 오후 4시쯤 보통학교 학생들과 청년, 군민이 시장에서 합세하여 함평 3·1 만세운동을 전개하였다. 조사현 등은 읍내에서 시장 쪽으로 태극기를 들고 선두에 서서 3·1 만세운동을 전개하였다.

함평 3·1 만세운동 1주년 만세운동은 학생 300여명과 군민 1,000여명이 참가하였다. 이인행선생과 3·1 만세운동 집행부가 구속된 상태에서 함평 청년들의 일제 헌병과 경찰의 강경 진압에 맞서 강력하게 대항함으로서 일제의 발포가 이어졌다. 그 자리에서 10여명이 사상자와 구속자가 이어졌다.

사상자와 구속자들은 대부분 농민과 학생들이었다. 1920년 4월 26일 광주지방법원 목포지청판결문에서 제령(制令) 제7호 위반죄로 조사현외 10명의 3·1 만세운동 참가자들이 구속 수감되었다.

대정 8년(1919) 3월 이후 조선 각지에서 독립운동을 개시하는 소요를 야기한 바, 함평지방에 있어서도 같은 시위운동을 전개하였다. 조선 독립의 기운을 촉진하고자 했으나 그 기회를 얻지 못하고, 본년(本年) 3월 중 동 운동을 기획할 뜻을 품고 거사를 수행하도록 촉진시켰다. 대정 9년(1920) 3월 19일 함평 공립 보통학교 기숙사에 이르러 동 기숙생인 피고 송대호·정기연·윤치선·정영도·김용언·김재문 등에게 각지에서 독립운동을 하고 있는데 함평지역만 빠지면 치욕이니 구애됨이 없이 속히 학생들을 규합하여 시위운동을 거사하라!"고 하였다. 조사현 징역 1년 6개월 읍 내교리(농업), 송태호 징역 1년, 대동면 옥동(학생), 정기연 징역 1년 나산면 이문리(학생), 윤치선 징역 8개월 함평읍 함평리(학생), 김재문 징역 8개월 대동면 금산리(농업), 김준령 징역 8개월 대동리 금산리(농업), 정영조 징역 8개월 학교면 죽정리(학생), 김용언 징역 6개월 학교면 죽정리(학생), 모순기 징역 6개월, 함평읍 함평리(농업), 윤태완 징역 4개월 대동면 상옥리(학생), 이행록 징역 4개월 대동면 용성리(학생) 등의 거주자이다.[26]

1920년 함평 3·1 만세운동 1주년 만세운동 주동자들은, 징역 4개월에서 1년 6개월을 선고 받고 복역하였다. 이들 대부분이 의병장 후손이거나 독립운동가에 참여한 경력이 있

---

26) 判決文, 光州地方法院, 木浦支廳, 1920.4. 26; 判決文, 大邱覆審法院, 1920. 5. 31; 身分帳指紋原紙(警察廳).

어, 일제의 폭력과 압력에도 두려워하지 않았었다. 나산면 이문리 정기연은 어린 시절부터 조부의 원수를 갚겠다고 민족운동에 가담하였다. 정기연의 조부 정윤면((鄭胤勉)은 일제에 총살당하였다.

이들은 1920년 3월 26일 체포되어 즉시 광주지방법원 목포지청으로 이송되었다. 그리고 1920년 4월 26일 광주지방법원 목포지청과, 1920년 5월 31일 대구복심법원에서 선고를 받고 옥고를 치렀다.

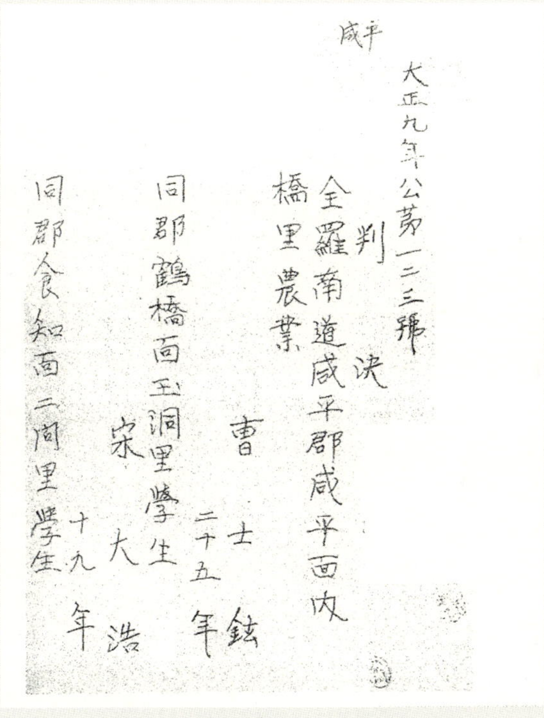
咸平
大正九年公第一二三號
判決
全羅南道咸平郡咸平面内
橋里農業
曺士鉉
二十五年
同郡鶴橋面玉洞里學生
宋大浩
十九年
同郡食知面二間里學生

*전거: 『독립기념관』, 조사현판결문

결국 함평 3·1 만세운동 1주년 만세운동으로 조사현 등 20여명이 체포되었고, 그 중 11명이 목포지청에서 1920년 4월 26일 모두 징역형을 언도받았다.

이인행선생이 전개한 함평지역 3·1 만세운동은 1919년부터 1920년까지 함평에서 영암지역까지 전개되었었다.

함평 청년들은 실력으로 식민지 권력기관에 대해 저항하였다. 일제의 강경 진압에는 무장으로 맞서 싸웠다. 밤이면 함평이 산에서 저 산으로 혹은 산마루에서 혹은 들판에서 혹은 마을에서 횃불 3·1 만세운동 시위를 이어갔다.

이 같이 함평지역에서 지속적으로 거행한 3·1 만세운동은, 일제를 위협하고 박멸하는데 그 목적이 있었다.

1920년 8월 일제를 완전히 몰아낼 계획으로, 함평 청년들이 경찰서 및 군청 폭파를 계획을 세웠다. 그리고 폭탄과 권총 등을 준비하여 기산 중턱에 감추어 두었다.

이인행선생이 3·1 만세운동을 거족적으로 성공할 수 있었던 것은, 임시정부 국민대회 전남특파원으로 면밀한 계획을 세워 거사를 전개하였기 때문이다. 그리고 남다른 함평군민의 애향심이 발로로 역량감 넘치는 3·1 만세운동을 전개하였던 것이다.

이외에도 함평 군민들의 크고 작은 3·1 만세운동은 여러 지역에서 함성이 울려퍼졌다. 1919년 4월 1일에는 학교면 학다리 정거장에서 3·1 만세운동을 일으켰다. 그리고 1919년 4월 2일에는 나산면에서 면민들이 3·1 만세운동을 이어갔다. 다음날인 4월 3일에는 손불면에서 3·1 만세운동을, 4

월 5일 엄다면에서는 산상 3·1 만세운동을 봉화불로 전개하였다.

그뿐만 아니라 다른 지역에서도 함평 출신 인사들은 3·1 만세운동을 주도하였다.

학교면 석정리 이희우(李喜雨)는 나주에서 3·1 만세운동을 주도하고 임시정부와 연통을 유지하였다. 그 후 일제에게 발각되어 징역 7년을 선고받고 서대문 감옥에서 험난한 수형 생활을 이겨내야 했다.

함평읍 경성고보 학생대표 최강윤(崔康潤)은 1919년 3월 5일 제2차 남대문역 만세운동을 주도하였다. 3월 5일 오전 8시 30분부터 학생들을 인솔하여 남대문시장을 출발하여 현 한국은행(조흥은행)을 거쳐 보신각으로 행진하다 일제에 체포되었다.

함평읍 최경동은 1919년 광주 3·1 만세운동을 일으킨 주모자로 체포되어 징역 8개월을 선고 받고 수감되었다.

1919년 조선에서 3·1 만세운동에 참가자 수는 일제의 『시정(施政) 25년사』에서 '시위 횟수 617건, 참가 인원 58만 7천 명이다'라고 기록하였다. 사상자는 '조선인 2천여 명, 일본인 군인·헌병경찰 사상자 200명이다.'라고 서술하고 있다.

박은식은 『한국독립운동지혈사』에서 "자료 수집의 어려움으로 많은 부분이 빠졌다."고 하면서, "서울 57회 시위에 57만여 명, 경기 304회 시위에 67만여 명, 강원 57회 시위에 10만여 명, 충청 156회 시위에 12만여 명, 전라 시위에 216회 30만여 명, 경상 132회 시위에 11만여 명, 함경 94회 시위에 5만7000여 명, 평안 시위에 314회 51만여 명, 황해 120회 시위에 9만 2000여 명 등이며, 총 1,393회 195만4천여 명이다."라고 하였다. 그리고 사망자는 "조선인 3,750여 명, 중상을 당해 며칠 후에 죽은 사람 4,600여 명이다."라고 하였다.

3·1 만세운동 이후 일제의 잔학행위는 국제적 비난의 대상이 되었다. 조선에서는 미국인 선교사를 통해 세계에 알려졌다. 조선에서 조선의 독립군과 조선 부녀자의 살육이 계속되는 현실을 윌슨 대통령에게 전문으로 보내 구원을 요청하였다.[27)]

이러한 일제 탄압의 긴박한 상황에서 함평지역 3·1 만세운동 전개는, 이인행선생과 지도부를 통해 배양된 독립운동 역량으로 모든 계층이 거국적으로 참여하였다.

이로써 함평군민은 더 이상 일본에 굴복할 수 없음을 나타낸 것이다.

그에 반해 일제는 함평지역 3·1 만세운동 책임자 색출에 혈안이 되어 검속을 강화하였다.

이인행선생은 1919년 함평지역 3·1 만세운동 대표 주모자였다. 일제가 주목하여 찾는 인물이 이인행선생이었다.

이인행선생은 일제의 가혹한 탄압과 감시가 펼쳐지자, 대응 수단으로 임시정부 세력과 연대를 강화하였다. 그리고 함평 군민의 열의를 집결시키고자 민중을 선전 고무하며 각성

27) 『한국의 현재 상황에 대한 증언』, 1919년 4월 8일, 수신자 윌슨 대통령 각하 워싱턴 D.C.

하게 하였다.

아울러서 민족의 역량은 교육과 부강한 사회 건설을 통하여 이룩되어지는 것임을 설명하였다. 이러한 이인행선생의 선전활동은 새로운 민족국가 건설에 기반을 두고 있었다.

이인행선생은 민족 세력 강화를 위해 인적 물적 자원 양성 장려운동과 민립대학 설립운동을 펴나갔다. 조선의 물산을 육성 보호하고, 조선청년에게 고등대학교육을 받을 수 있는 기회를 주어 민족의 지도자로 양성하고자 하는 것이었다.

이인행선생의 새로운 교육운동은 함평군민의 성원과 지지를 받으면서 매우 활발하게 전개되었다.

국민대회 13도 함평대표로 선임되다

국민대회 13도 함평대표로 선임되다

일제의 폭압에 극도로 높아진 항일 감정이 지도자를 중심으로 전국 각지에서 자발적인 3·1 만세운동을 전개되었다. 이러한 반일 의지는 모든 계층을 하나로 통합하는 계기를 마련했다.

이인행 · 김종택 · 김철 · 기산도 · 황병학 · 김학로 · 박은용 등은 대한민회취지서(大韓民會趣旨書) 등을 배포하며 3·1 독립운동 정신을 고취하였다. 그리고 임시정부에 참여하기로 결의하였다.

상해의 신한청년당 대표 김철 · 여운형 · 장덕수 · 김규식은 각지 독립운동 대표자를 만나 임시정부통합을 이루어냈었다. 김철과 서병호는 조선으로, 김규식은 파리로, 장덕수는 일본으로, 여운형은 러시아령으로 파견하여 임시정부 대 통합과 독립운동을 집결시키고자 하였다.

김철은 2월말 상해에서 돌아와 손병희를 만나고, 이인행선생과 감부소 동지들을 만났다.

이인행선생은 종로경찰서에서 풀려나 3일간 입원 치료하여 겨우 몸을 가누었다.

이때 한남수와 이강(李剛)으로 부터 연락이 왔다. 인천 만국공원(현 자유공원)으로 모이자는 전문이었다.

이인행선생은 이규갑과 한남수 그리고 김사국(金思國)·홍면희(洪冕熹) 등을 차례로 만나 국민대회의 소집을 위해 긴밀히 공조를 취하였다.

1919년 3월 7일 인천 월미도에서 임시정부 수립을 위하여 각도 국내외 애국지사들이 모여 국민대회를 발기하였다.

한남수와 이강 등은 한성임시정부 준비위원회 위원으로 정부 출범의 산파 역할을 담당하였다. 경성시내에서 국민대회를 개최하고 임시정부를 수립하는 것이었다.

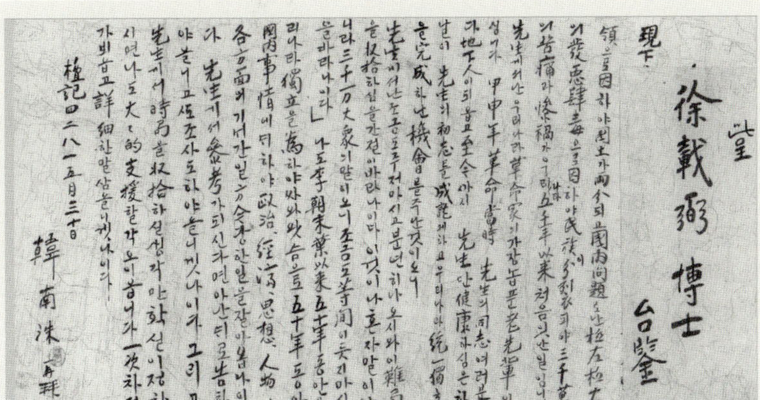
徐載弼 博士 台鑒

閣下

檀記四二八一五月三十日

韓南洙 再拜

*전거: 『독립기념관』, 한남수 편지

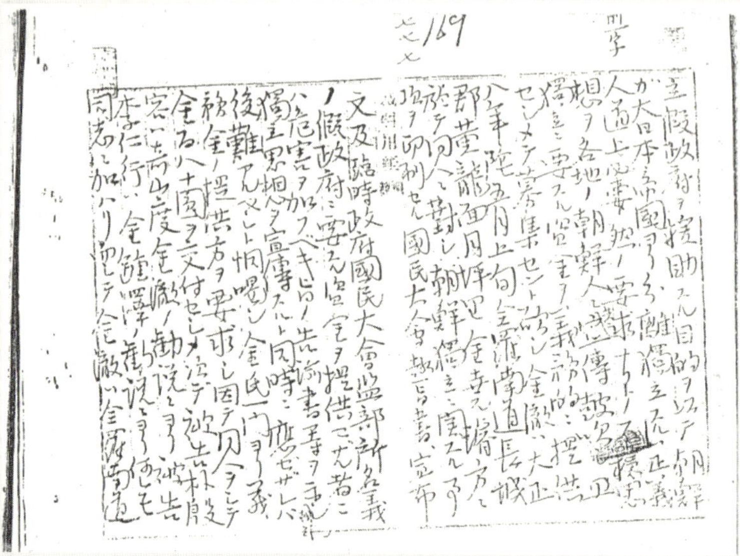

*전거: 『이인행판결문』, 재인용 국민대회 감부소 가정부요원

이인행선생은 기산도와 국민대회 발기 취지서를 결의 작성하였다.

1919년 11월 26일자 공판 기록에서 한남수는 경성지방법원의 홍면희(洪冕憙)와 만나 "독립선언 이후 각처의 시위운동이 통일되지 않으므로 국민대회를 개최하여 독립운동 단체를 망라해 임시정부를 수립해야 되겠다."고 하였다.

1919년 3월초 임시정부를 수립을 위한 이교헌(李教憲)·윤이병(尹履炳)·윤용주(尹龍周)와 이규갑(李奎甲) 및 김사국(金思國)에 의해 한성정부 수립 논의가 제의되었다.

1919년 4월 2일 만국공원(현 자유공원)에 13도 대표들과 애국지사가 비밀리에 모였다. 이인행선생은 함평지역 3·1 만세운동 준비를 마치고 13도 대표 비밀회동에 참석하였다.

만국공원은 1888년 11월 9일 인천 응봉산(해발 69m)에 만들어진 서구식 공원이다.

처음에는 '각국공원'이라 하였다. 이는 이 공원이 제물포항(인천항) 개항 이후 개항장 일대에 설치한 각국 조계(租界) 지역의 완충지대였기 때문이다. 조선 땅에 처음을 설치한 외국인들을 위한 공간이나 다름없었다.

인천 만국공원에 천도교 대표 안상덕(安商悳), 기독교 대표 박용희(朴用熙) · 장붕(張鵬) · 이규갑과 유교 대표 김규(金奎), 불교 대표 이종욱(李鍾郁) 등을 비롯한 각 지방 대표와 국민대회를 개최하기로 하였다.

*전거: 『옛 사진엽서를 통해본 개화기 인천 모습과 우리 풍속』

그 후 경성 한성오(韓聖五)의 집에서 비밀 회동 후 한남수를 상해로 파견키로 결정하였다. 상해와는 3·1 만세운동 직전 민족대표의 권유로 망명한 현순(玄楯)이 연락책이었다. 1919년 4월 23일을 국민대회 날짜로 결정하였다.

한성 정부를 준비하던 사람들이 한남수를 비롯해 이규갑·홍면희(홍진) 등을 상해로 파견한 것은 상해정부의 강령과 지향하는 점이 일치하고 있기 때문이다.

13도 대표들은 이날 독립운동의 실효를 거두기 위해 임시정부 조직과 파리평화회의 대표를 파견하고 국민대회를 개최해 정부수립을 내외에 선포하는 일 등을 협의하였다. 13도 대표들은 4월 9일 집정관 총재에 이승만, 국무총리에 이동휘(李東輝) 내각을 구성하였다.

1919년 4월 23일에는 서울 선린동 봉춘관(奉春館)에서 한성임시정부의 초대 내각이 출범하였다. "세계만방에 조선의 독립과, 조선 민족의 자유민임"을 선포했다. 이와 함께 결의사항, 각원 명단, 파리강화회의 대표, 6개조의 약법(約法), 임시정부령 1호 · 2호를 발표하였다.

전국 대표들은 선포문에서 "3·1 만세운동을 바탕으로 국민대회를 조직하고, 본 대회는 민의에 기(基)하여 임시정부를 조직, 약법(約法)을 제정하여 이를 선포한다."고 하였다.

약법은 제1조 國體(국체)는 민주제를 채용함, 제2조 政體(정체)는 대의제를 채용함, 제3조 國是(국시)는 국민의 자유와 권리를 존중하고 세계평화의 행복을 증진하게 함, 제4조 임시정부는 일체 내정, 일체 외교의 권한을 가짐, 제5조 조선국민은 납세·병역의 의무가 있음, 제6조 본 약법은 정식 국회를 소집하여 헌법을 반포할 때까지 적용함 등으로 되어 있다.

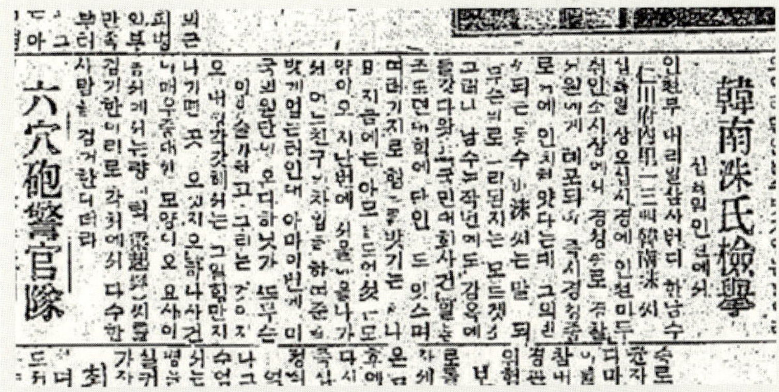

韓南洙氏檢擧

六穴砲警官隊

*전거: 『동아일보』, 국민대회사건 등에 관련된 韓南洙氏 檢擧, 1920년 8월 19일

이 국민대회 취지에서 유구한 역사를 지닌 조선 민족은 평화적 민족으로 일본의 비인도적인 침략의 대상이 되어서는 안 되며, 생존권 확보, 자유평등 신장, 동양평화 보존, 세계 공안 존중 등의 이유로 조선독립은 필요하며, 독립을 위해 조선민족 최후 한 사람까지 분투할 것을 촉구하였다. 아울러 임시정부 조직 등 6가지의 결의사항이 함께 기재되어 있다.

경성의 거리에서는 '국민대회 취지서', '임시정부 선포문' 등이 살포되었다.

1919년 4월 24일 서울에 배포된 인쇄물은 국민대회선포문(國民大會宣布文)·국민대회취지서(國民大會趣旨書)이다. 배포된 인쇄물 내용은 조선의 절대독립을 역설하고 있었다.

1919년 4월 23일 낮 12시 10분경 시민과 학생들은 종로 보신각 부근에서 학생들이 국민대회 깃발을 흔들고 종로 방면으로 향하였다. 깃발에는 '국민대회'와 '공화만세(共和萬歲)'라고 쓰여 있었다.

일제 경찰은 4월 23일 대대적인 검거를 시작하여 주요 인사를 체포하였다.

동대문에서 경신학교 강우열이, 서대문에서 배재학교 김병호가, 창덕궁에서 학생단 유기원이, 서울 시내에서 김홍식이 유인물을 배포하였다. 보성학교의 장채극도 가세하였다.

그러나 이들의 활동은 일제의 수사망에 노출되어 추적의 대상이 되었다.

대한민국 임시정부의 모태가 된 정부가 '한성임시정부'이다.

한성정부는 상해 임시정부와 노령 국민의회와는 달리 지하조직으로 구성되었다.

전국 13도 대표로 구성된 국민대회의 명의로 조직된 정통정부라는 점에서 그 지위가 공고하였다.

미국 통신사인 UP통신도 한성임시정부 수립을 전 세계에 타전할 정도로 관심이 높았었다.

지하신문 『독립신보』는 4월 10일 한성임시정부 초대내각 명단을 실은 호외를 발행하였다. 국민대회의 국민의회 성명 내용은 '조선의 완전한 독립을 지켜내는 것'이었다.

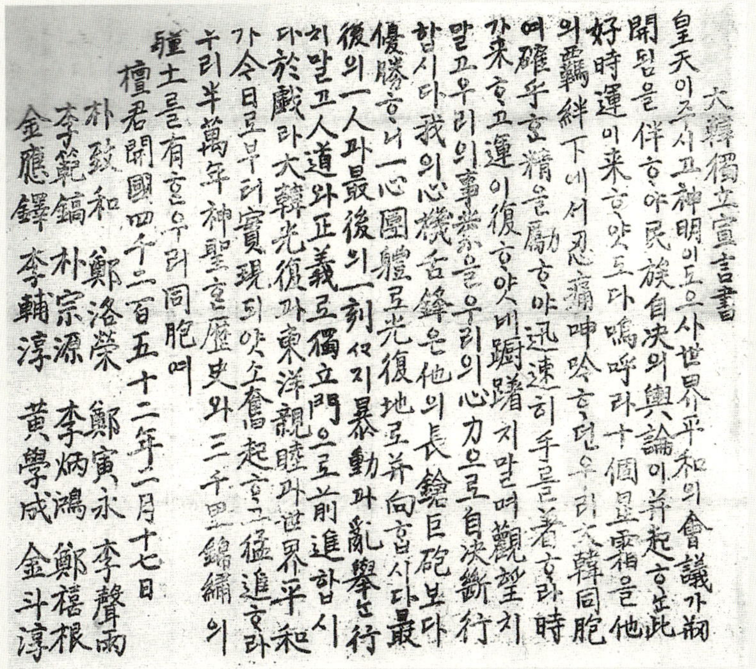

大韓獨立宣言書

皇天이주시고神明이도으사世界平和의會議가剏開됨을伴ᄒᆞ야民族自決의輿論이并起ᄒᆞ도다此好時運이来ᄒᆞ얏도다嗚呼라十個星霜을他의覊絆下에서忍痛呻吟ᄒᆞ던우리大韓同胞여確乎ᄒᆞᆫ精神을勵ᄒᆞ야迅速히手를着ᄒᆞ라時가来ᄒᆞ고運이復ᄒᆞ얏네躕躇치말며觀望치말고우리의事業을우리의心力으로自決斷行합시다我의心機舌鋒은他의長鎗巨砲보다最優勝ᄒᆞ니一心團體로光復地로并向ᄒᆞᆸ시다最後의一人과最後의一刻ᄭᆞ지暴動과亂擧ᄂᆞᆫ行치말고人道와正義로獨立門으로前進합시다於戱라大韓光復과東洋親睦과世界平和가今日로부터實現되얏소奮起ᄒᆞ고征進ᄒᆞ라우리半萬年神聖ᄒᆞᆫ歷史와三千里錦繡의疆土를有ᄒᆞᆫ우리同胞여

檀君開國四千二百五十二年二月十七日

朴致和 鄭洛榮 鄭寅永 李聲雨
李範鎬 朴宗源 李炳鴻 鄭禧根
金應鐸 李輔淳 黃學成 金斗淳

*전거: 『대한독립선언서』, 독립기념관

당시 '한성임시정부'는 3·1만세운동 직후 나라 안팎에 생겨난 6개의 임시정부 중 하나이다.

국내에서 3·1 만세운동의 역량감은 새로운 조선 정부수립과 국외독립운동에 초점이 집중되었다. 이러한 국내환경 변화로 중국의 상해에 애국지사들이 모여들기 시작하였다. 모여드는 인사가 약 500명에 이르렀다. 이들은 임시정부 수립을 위한 모임과 회의에 진지한 태도로 참석하였다.

이 회의는 각 지방 대표자회의로 상해의 프랑스 조계로에서 열렸다. 대표자회의에 출석한 인사들은 모두 임시정부를 수립을 위해 의견을 모았다.

그러나 현순 등은 국내 민족대표의 지시를 기다려야 한다는 견해였다. 반면 북경·만주·러시아령 등지에서 상해로 온 이동녕·이시영·조소앙 등은 서울의 지시를 기다릴 필요 없이 정부를 수립하자는 견해였다.

망명정부 소재지를 둘러싸고 2가지 안건이 제기되었다. 여운형·이동녕 등은 외교활동을 전개하기 좋은 국제 도시 상해에 두어야 한다고 주장하였다.

그러나 문창범은 무장투쟁을 전개할 수 있는 러시아령에 두어야 한다고 주장했다. 이런 의견이 교환되는 가운데 러시아령에서 3월 17일 대한국민의회가 결성되었다.

상해 임시정부도 정부 수립을 서둘렀다. 각계각층 인사가 모였다. 현순·손정도·신익희·김철 등이 상해에서 마주 앉았다. 이외에 인사들도 참석하였다. 이회영·이시영·이동녕·김동삼·이광 등도 멀리 만주에서 상해로 온 것이다. 최근우는 일본 유학생으로 참석하였다. 선우혁·신채호·조소앙·여운형 등은 신한청년당 관련자들이었다. 그 외에 러시아령에서 활동했던 남형우, 대종교 관련 인사 조완구 등도 합석했다.

1919년 3월 하순에는 현순을 총독으로 한 독립 임시사무소(獨立臨時事務所)를 설치하여 조직적 기반을 마련하게 되었다. 1919년 4월 11일 상해 불란서 조계 보창로 32호에서 각도(各道)대의원이 회합하여 임시의정원(臨時議政院)을 구성하고 임시헌장(臨時憲章) 10개조를 결의 반포하였다.

1919년 4월 17일에 대한민국 임시정부를 조직하고 관제(官制)등을 선포하였다. 상해임시정부는 상해정부의 기득권을 포기하고 한성 정부의 법통을 인정하기로 합의하였다. 또한 러시아령에 내무차장 현순과 김성겸을 파견해서 국민회의 관계자들과 협의하기로 하였다.

모든 민족운동가들이 통합에 찬성하였다. 협의 결과는 국민회의 13도 대표를 인정하는 것이었다. 자연스럽게 국민회의 가 상해임시정부로 승계되자 이인행선생도 상해임시정부에서 그 직책을 승계하게 되었다.

상해와 노령에서 설립한 정부들은 모든 문제를 해결하고 국내 13도 대표가 창설한 한성 정부를 계승하고 국내의 13도 대표를 민족 전체의 대표로 인정하였다.

대한민국 임시정부는 3·1 만세운동이 그 시발점이다. 김구(金九)선생도 3·1 만세운동이 독립운동의 정신적 바탕임을 강조하였다.

3·1 만세운동 아래 임시정부가 조직되고 각지의 대표 29명이 참여하였다.

한성임시정부는 국제적으로 노령정부나 상해정부 보다 잘 알려지게 되었다. 이는 한성임시정부 약법이 연합통신에 의하여 전 세계로 알려졌기 때문이다. 모든 정부가 상해 임시정부에 통합되고 조직 체제를 정비한 후에는 외교 활동분야에 가장 역점을 두었다.

임시정부는 한민족이 중국 항전에 참여하여 한 · 중 연합으로 일제를 타도하고, 일본의 대륙진출 정책을 저지하였다.

결과적으로 '국민대회' 한성정부의 강력한 요구에 따라 한성 · 상해 · 러시아령에서 수립되었던 각 정부는 한성 정부의 법통 아래 하나로 통합되었다. 이것이 상해임시정부이며 일제는 가정부(假政府)라고 하였다.

상해임시정부와 국내의 연락기관과 선전활동도 강화되었다.

1920년 1월 "임시지방교통사무장정"이라는 것을 제정하였다.

조선과의 연락교통기관으로 안동에 거주하는 영국인 "지엘쇼유(ジーエルショウ)가 경영하는 이륭양행(怡隆洋行) 안에 안동교통사무국을 두었다.

1920년 1월 23일 홍성익 및 그 연루자가 경찰에 체포되어 양준명이 이를 승계하였다. 조선과 상해의 교통연락 및 조선 안에 배포하는 문서 등은 모두 안동교통사무국을 거쳐 조선 안의 동지에게 밀송되었다.

그런데 이인행선생의 역량을 높이 평가한 상해의 동지들은, 이인행선생에게 상해에 오도록 지령이 전달되었다.

함평(영광)출신 김철 · 국민대회 동지 한덕수 · 영암 출신의 한만수 등으로부터도 전갈을 받았다. 임시정부 승계에 따른 가정부 특파원으로 임무 변경에 따른 것이었다. 그리고 국내 독립자금 모집을 위한 방안을 논의하기 위해서였다.

이인행선생은 상해로 가기 위해 1919년 8월 가산을 정리하였다. 1천원의 독립자금을 마련하고 가족들과 군산으로 갔다. 이곳에 가족들을 안착시키고 중국 상해로 떠나기로 결심한 것이다.

군산에 동지들에게 가족의 안위를 당부하고 일본을 거처 상해로 가는 선편에 몸을 실었다.[28] 1919년 8월 3일 이인행선생은 독립을 희구하는 동지들의 의견을 수렴하여 벅찬 가슴으로 상해로 향했다.

그 순간 일제 경찰은 "무슨 이유로 배에 탔느냐?"고 물었다. 이인행선생은 상인으로 가장하였고 "인삼장사입니다."라고 말하였다. 상인의 옷차림으로 외모로는 중국인 모습이었다. 이인행선생은 한학과 중국어에 조예가 깊어 언행이 조금도 흐트러지지 않았다.

이인행선생은 긴 항해를 끝내고 중국 상해에 도착하여 기다리고 있던 김철을 만났다. 동지들과 여러 의견을 교환하였다.

이인행선생에게 새로운 임무가 부여되었다. 가정부 선전원으로 전남지역 연통활동과 선전활동 강화에 있었다.

이인행선생은 국외 동지들 긴밀한 관계를 유지하며 전라도지역 연통구축 · 선전활동 · 독립자금모집 · 대일 투쟁을 강화하기로 결의하였다.

1919년 9월 5일 한 달간의 상해 생활을 접고 국내로 들어오게 되었다. 국내로 잠입은 전라도 지역에서 연통활동과 가정부의 중요성을 선전하는 임무였다.

이인행선생은 임시정부 선전원으로 국내 독립운동가와 적

---

28) 『전남도지』1, 전남도지편찬위원회, 1982, 841쪽.

극적으로 연통하기 위해 심혈을 기울였다.

대한민국임시정부의 임시헌법이 1919년 9월 11일 공포되고 한성임시정부가 상해 대한민국임시정부에 통합되자, 한성임시정부 각료 전원이 대한민국임시정부의 각료직을 맡았다.

상해임시정부는 "정부의 위치를 상해에 두고, 13도 대표가 창설한 한성정부를 계승하여 국내의 13도 대표가 민족 전체의 대표임을 인정한다."며 합의점에 도달한 원칙에 따른 것이다.

한성정부는 전국 13도 대표는 임시정부에서 정통성을 확보하고 있었다. 결국 통합운동이 일어나 이인행선생도 임시정부요인으로 통합되어 지하활동을 책임지게 된 것이다.

이인행선생은 농촌지역에서 순회강연을 통해 "안중근의사와 같이 조선의 독립을 본인의 일로 생각하라."며 민중들을 선동 고취하였다.

상해 임시정부에서는 국제적 선전 강화를 위해 국무원회의를 개최하여 대책을 강구하였다.

이인행선생은 이제 상황이 더욱 급박하였다. 함평지역 임시정부 연통 조직 책임자로 조직 감독과 강화를 위해 밤낮을 가리지 않고 가정부 선전활동을 위해 활동하였다.

이인행선생은 "동포여! 조선독립을 위하여 이천만이 상응하며 안중근(安重根)의사와 같이 의용심(義勇心)을 한층 분발시켜야 합니다."라고 하며 부일협력자에게 경고함과 동시에 동포의 대일투쟁을 당부하였다.

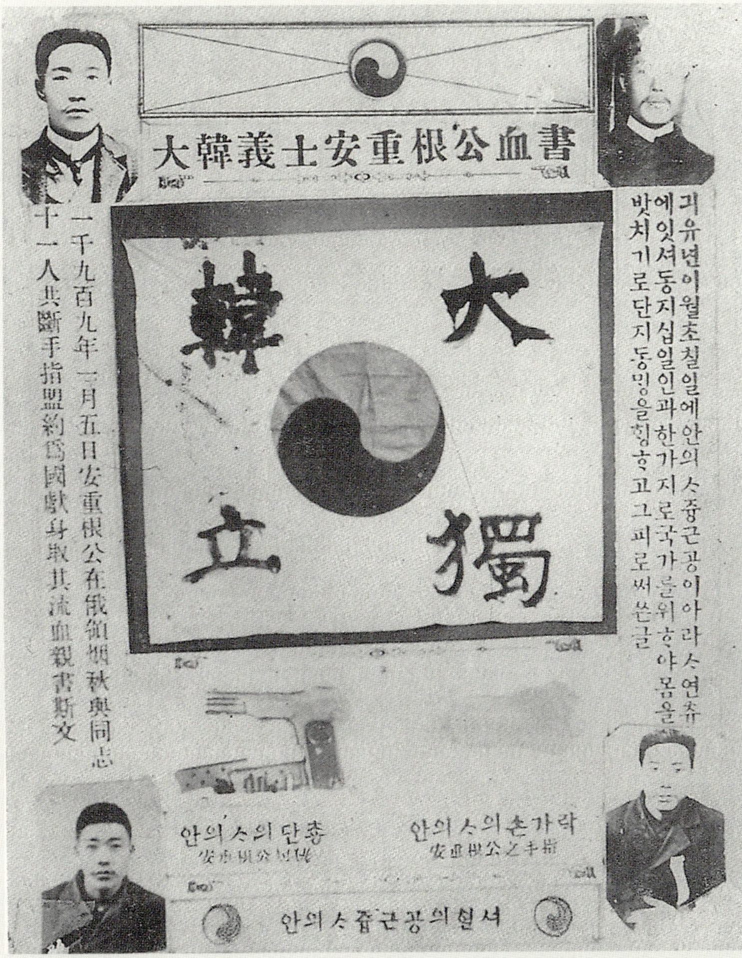

*전거: 『안중근 의사의 단지혈서 엽서』, 독립기념관

이인행선생은 상해 임시정부가 독립운동을 위해 국제무대에서 활동하고 있음을 선전하는데 주력하였다. 이인행선생의 활발한 선전활동은 일제의 표적이 되었다.

임시정부 감부서(監部署) 특파원을 맡다

임시정부 감부서(監部署) 특파원을 맡다

이인행선생은 대한민국임시정부국민대회감부서(大韓民國臨時政府國民大會監部署) 특파원으로 독립운동자금 모집 임무를 수행하였다.

그리고 이인행선생은 애국금영수위원(愛國金領受委員)으로 군령장을 인쇄하여 각지를 다니면서 군자금을 모집하였다.

1919년 10월 21일 장성군 황룡면에서 이인행 · 기산도 · 김종택 3인은 임시정부 선전과 군자금 모집을 위해 회합을 마치고 나왔다. 그런데 일제경찰은 회의장소를 몇 겹으로 에워싸고 군사작전을 펼쳤다. 이 작전은 일제의 숙원 사업 중의 하나였다.

"일제는 일제국경일 행사에 가장 기쁜 일이 이인행선생을 비롯한 임시정부요인 체포이다."라고 하였다. 이 애국지사

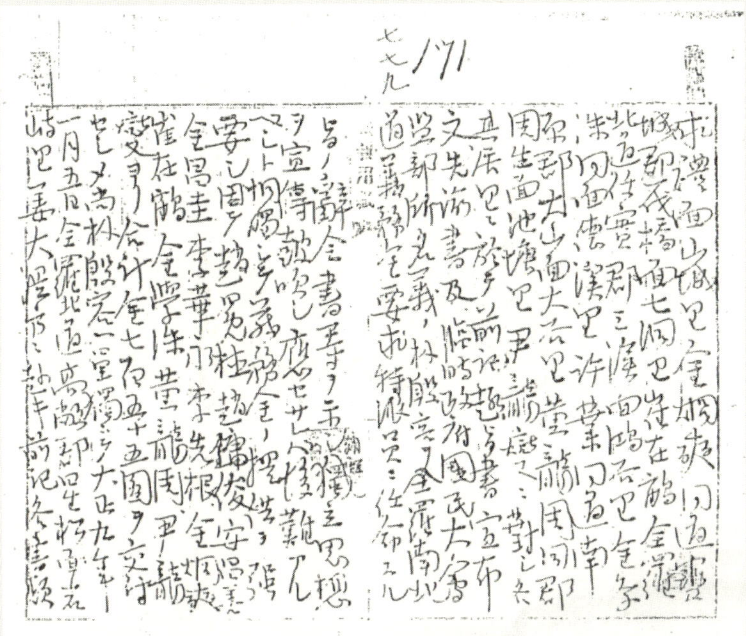

七七九 171

*전거: 『이인행판결문』, 독립의무금 요구

체포 작전은 전라남도 제3부(경찰부)에서 시도하였다. 경찰의 취조를 마치고 광주검사국으로 이송되었다. 일본인 굴검사정 담당 검사는 사건이 복잡하여 원심을 법정에 회부시켰다. 당시 예심판사는 2등 판사였다.

장성군 헌병대는 사안의 중대성을 감안하여 비밀전문을 일본육군성으로 보내고 있다.

朝鮮騷擾事件關契書類(4)

[發行者 : 日本陸軍省, 發行日 : 1919/11/21]

題目 獨立運動資金 募集者 檢擧ノ 件. 文書番號 密 第102號 其566, 高警 第31411號. 發送日 1919/11/05 發送者 陸軍省. 受信日 受信者 原敬(內閣總理大臣) 外.

添附文件. 人名 奇山度(奇寔), 金鍾鐸(金鐸), 李仁行, 金澈(金演相), 朴殷容, 黃炳學, 閔致煥, 金永鐸, 李文復, 洪鍾郁, 金堯璿, 金永植, 黃龍周, 尹龍燮, 李工三, 安在宇, 金昌奎, 趙元奎, 趙德仲. 團體 大韓民國臨時政府 國民大會監部署, 全羅南道 第三部. 事件及活動 全羅南道ニ 獨立運動資金 募集者ノ 被檢. 地名及場所 全羅南道 長城郡 黃龍面 冠東里, 全羅南道 高興郡 道化面 堂烏里, 全羅南道 靈光郡 白岫面 莊山里, 京城 益善洞, 全羅南道 長城郡 黃龍面 華岩里, 全羅南道 咸平郡 平陵面, 全羅南道 順天郡 道汝面 仁德里, 全羅北道 高敞郡 川南面 內基里, 全羅南道 咸平郡 新光面 九峯里, 全羅南道 靈光郡 苗長面 苗長里, 全羅南道 谷城, 全羅北道 南原, 全羅北道 淳昌, 全羅北道 任實, 上海. 主要用語 國民大會趣旨書, 十三道代表者告諭文, 義務金要求特派員

(*전거: 『이인행체포 일본육군성 비밀전문』)

일본육군성의 비밀전문에는 이인행선생을 비롯하여 동지들의 명단이 나타난다. 이 비밀전문을 해제하여 보면 애국지사 이인행선생의 활동이 구체적으로 드러나 있다.

[일본육군성의 비밀전문] 조선소요사건관계서류(4). 발행자 : 일본육군성, 발행일 : 1919/11/21
제목 독립운동자금 모집자 검거의 건. 문서번호 비밀 제102호 기566, 고등경찰 제31411호
발송일 1919/11/05 발송자 육군성. 수신日 수신자 원경(내각총리대신) 외
첨부문건
인명 기산도(기식), 김종탁(김탁), 이인행, 김철(김연상), 박은용, 황병학, 민치환, 김영탁, 이문복, 홍종욱, 김요선, 김영식, 황용주, 윤용섭, 이공삼, 안재宇, 김창규, 조원규, 조덕중
단체 대한민국임시정부 국민대회감부서, 전라남도 제3부정보과 경찰
사건해당활동 전라남도에서 독립운동자금 모집자의 피검
지명급장소 전라남도 장성군 황룡면 관동리, 전라남도 고흥군 도화면 당오리, 전라남도 영광군 백수면 장산리, 경성 익선동, 전라남도 장성군 황룡면 화암리, 전라남도 함평군 평능면, 전라남도 순천군 도여면 인덕리, 전라북道 고창郡 천남면 내기리, 전라남도 함평군 신광면 구봉리, 전라남도 영광군 묘장면 묘장리, 전라남도 곡성, 전라북도 남원, 전라북도 순창, 전라북도 임실, 상해. 주요용어 국민대회취지서, 십삼도대표자고유문, 의무금요구특파원

이인행 선생의 활동은 대한민국임시정부국민대회감부서(大韓民國臨時政府 國民大會監部署)요원으로 임무를 수행하고 있음을 알 수 있다. 이인행 선생의 임무는 전라남도애국금령수위원(全羅南道愛國金領受委員)이었다. 이는 『매일신보』[29]·『독립신문』[30]에서도 주요기사로 타전하였었다.

이인행선생의 이상과 같은 활동은 일제 침탈을 거부하며 절대독립을 주장하는 것이다.[31] 이인행선생이 주장한 가장 확실한 독립 방안은 조선 민중을 찾아 교화하고 독립운동에 직접 참여케 하는 것이었다.

이러한 까닭에 이인행선생은 독립방안을 실현하기 위하여 전국 각처를 누비고 선전활동에 나섰던 것이다.

이인행선생과 국민회의 감부서 동지들의 행적을 살펴보면 오직 민족 독립운동에 주력하였다.

이인행선생과 그의 동지들은 독립운동을 한다는 이유로, 일제로부터 고문과 옥고를 반복하였다.

이인행선생이 김철에게 받은 문건은, 전라남북도 의무금요구특파원 임명장·사령서·국민대회 취지서·선포문·13도 대표자 고유문(告諭文) 등 독립에 필요한 문서였다.

---

29) 『매일신보』, 朝鮮獨立運動의 軍資金을 募集코자 1919년 11월 3일.

30) 『독립신문』27, 敵의 毒手에 陷함, 1919년 11월 11일.

31) 『전남일보』, 萬歲 六十年, 1979년 2월 19일.

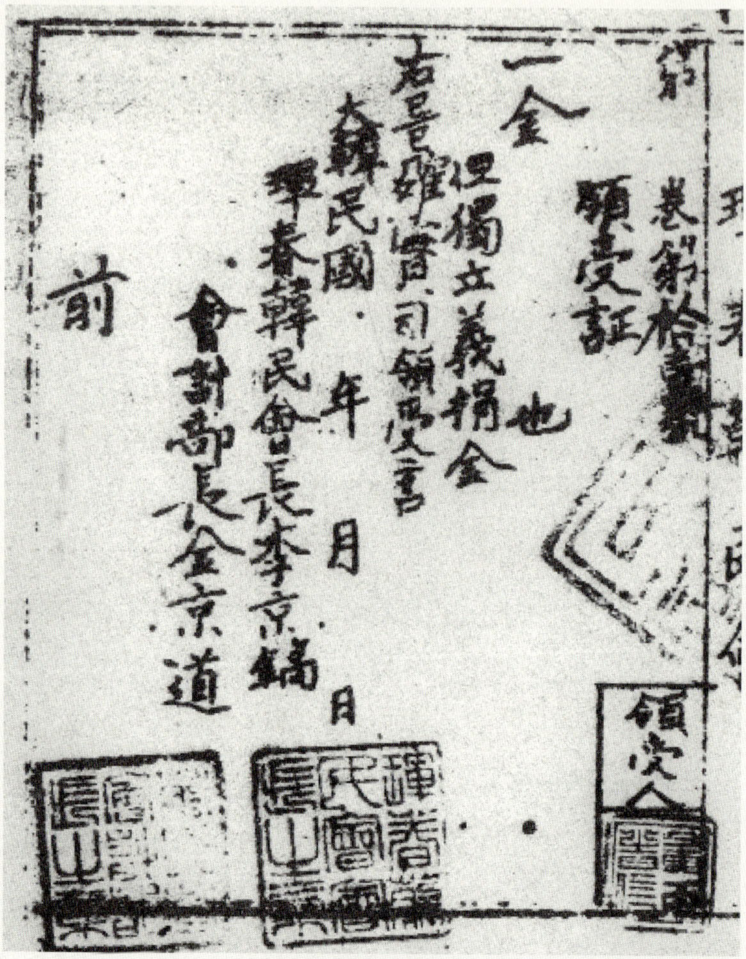

*전거: 『독립기념관』, 임시정부 애국금영수증

1919년 6월 23일 대한민국임시정부국민대회감부서 요원들은 김요선(金堯璿) 집을 방문하여 동지로 가입시켰다.[32]

---

32) 독립기념관 『판결문』 자료번호(1-007612-000) 이인행 형사재판판결문 1920(대정 11년) 10월 12일 분류번호 828호.

김요선은 선릉참봉(宣陵參奉)을 지낸 인물로 지역에서 명성을 얻고 있었다.[33] 그는 독립운동을 위해 흔쾌히 160원을 의무금으로 후원하였다. 1919년 6월 26일 김요선의 집을 나서면서 기산도와 김철은 지방 선전활동을 위해 출발하였다. 감부서 동지들은 독립운동의 다채로운 경력을 가지고 있었다.

조덕중(趙德仲)은[34] 남평군 군내면 옥동리에 살면서 국채보상운동에 참여한 인물이다.

박은용(朴殷容)은 전라남도 장성군 황룡면 장산리 39번지에서 독립운동자금모금을 수행하였다.

박은용은 1919년 파리장서(巴里長書) 유림독립청원사건명단에 서명하였으며, 기삼연 의병장의 의진(義陣)에 종군하였다. 1919년 5월에는 상해임시정부로부터 독립운동자금 모집사명을 띠고 입국한 김철을 만나 의진에 참여하였다. 이때 국민대회 취지서 선포문 · 국민대회감부소 명의의 자금모금에 관한 고유서 · 전라남북도 의무금요구특파위원(義務金要求特派委員) 임명장을 수교 받았다.

그리고 순천 · 곡성 · 구례 · 보성 · 남원 등지에서 4백여원의 독립운동자금을 모금하다가 피체되었다. 그 후 1920년 광주지방법원에서 제령 7호 위반죄로 징역 3년을 언도받고 옥고를 치렀다.[35] 이문복(李文復)과 안재우(安在宇) 역시 국민

---

33) 『황성신문』1931, 叙任及辭令 宣陵參奉 金堯璿 四月二十八日, 1905년 5월 2일.

34) 『황성신문』2544호, 國債報償義務金集送人員及額數, 1907년 7월 29일.

35) 『동아일보』, 軍資募集員 奇山度는三年 광주법원에서, 1920년 8월 6일.

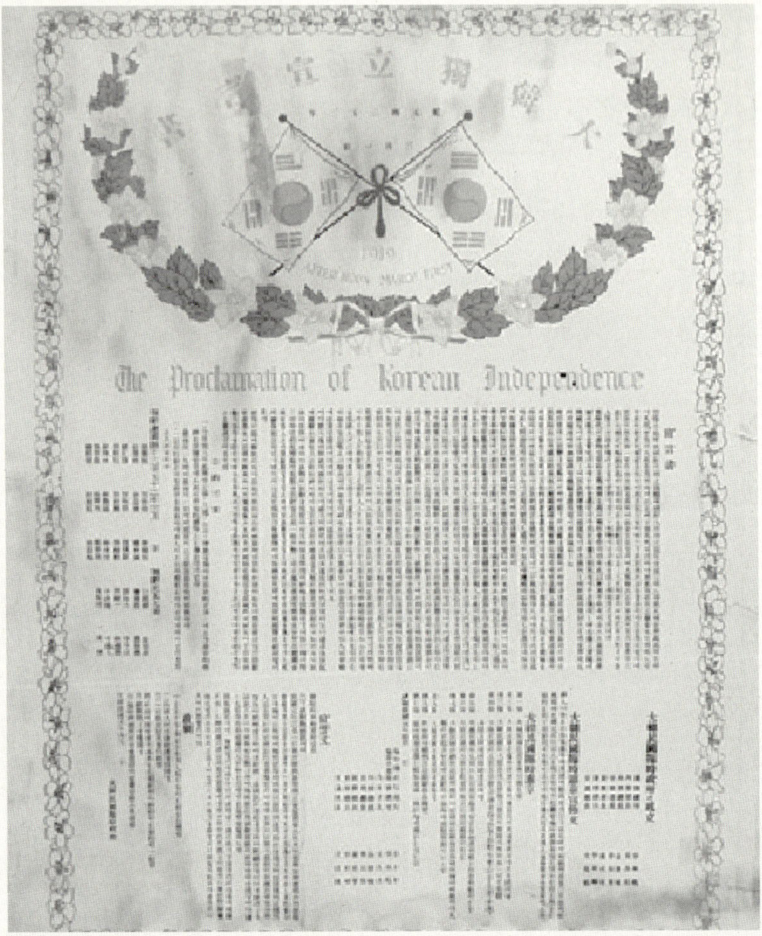

*전거: 『임시정부발행 독립선언서』, 독립기념관, 1919년 4월

대회 취지서 선포문 · 국민대회감부소 명의의 자금모금에 관한 고유서 · 전라남북도 의무금요구특파위원임명장을 휴대하고 구례 지역에서 독립운동 펼쳤다.

이인행선생과 활동한 인물 중 황병학(黃炳學)은 광양군 진상면 비평리 출신이다. 광양 덕망가로 지리에 익숙하여 의병장이 되었다. 황병학의병부대는 광양 망덕만(望德灣)에서 일본군 선박 10척을 분멸하고 소총 10정을 노획하였다.[36]

1909년 9월 1일부터 10월 31일까지 일제의 '남한대토벌작전'이 전개되자, 황병학은 기산도를 찾아 새로운 투쟁 방법을 논의하고, 이인행 · 김철 · 기산도 · 김종택 · 박은용 · 김영탁 · 민치환 · 이문복 등과 합류하였다.

지역민들은 군자금 모집에 적극적으로 후원하였다. 임실군 김영식(金永植) 130원, 전라북도 남원군 황용주(黃龍周) 110원, 윤용섭(尹龍燮)[37] 100원, 전라남도 곡성군 이공삼(李公三) 40원, 안재우(安在宇) 10원, 김창규(金昌奎) 40원, 조원규(趙元奎) 15원, 전라남도 순천군 김모(金某) 200원, 조덕중(趙德仲) 40원 등 685원과 김요선 160원 등을 모집하는 성과를 올렸다.

전라도 지역에서 자금 모집에 협조한 유지들은 북부내륙 지역의 인사들이었다. 짧은 시간에 총 845원의 독립운동자금을 모금하였으나, 1918년 10월 자금모집 중 김종택 동지가 종로경찰서에 피체되면서 전모가 탄로 나고 말았다. 이 일로 다른 동지들도 잇따라 피체되었다.

1919년 3월 장성(長城)인 김영식(金永植)은 전라북도 고창

---

36) 『隆熙 3年 1월 暴徒에 關한 編冊 諸통계표 警務局』, 暴徒首魁에 관한 調査報告, 발신자 全羅南道警察部長 警視 村上則貞 1908년 11월 12일, 수신자 警務局長松井茂 1908년 11월 25일, 첨부문건 賊徒首魁其他調査, 電報送達紙.

37) 『조선총독부 관보』434, 工業傳習所卒業式-朝鮮總督府工業傳習所 1914년 1월 13일; 『조선총독부 관보』741, 工業傳習所卒業式狀況, 1915년 1월 25일.

(高敞)에서 감부서 요원에 가입하고 강대직(姜大直), 강대선(姜大宣), 이기하(李起夏), 유희영(柳熙永), 이병국(李炳國) 등을 동지로 포섭하며 독립 자금 모집을 위해 활동하였다. 1919년 5월에는 신현구(申鉉九) 등이 주도한 대한독립애국단(大韓獨立愛國團)에 가입하였다. 상해임시정부와 조선독립운동을 위해 독립운동 자금을 모집하였다.[38] 일경에 피체되어 1920년 12월 23일 경성지방법원에서 징역 2년형을 언도받고 옥고를 치렀다.[39]

김창규(金昌奎)는 전라북도 고창 고수면 은사리 출신으로 김재중학교 보조교사를 지냈다.[40] 대한협회회원으로 활동하며 많은 인맥을 형성하고 있었다.[41]

1919년 3월 18일 전북 고창군 고창면 읍내리에서 김승옥(金升玉), 오동균(吳東均) 등과 3월 19일 장날을 기하여 독립만세 시위운동용 독립선언서와 독립창가 문서 등을 배포하고, 독립만세를 고창 시위하다 피체되어 징역 6월을 선고 받았다.

민치환(閔致煥)은 대한제국기 호남학보회원[42]으로 활동하며 많은 회원을 확보하고 대중적 지지를 받은 인물이다.[43]

---

38) 독립운동관련 판결문(관리 번호 CJA0000271), 경성지방법원 「김영식(金永植) 경성지방법원 판결문」, 국가기록원, 1920년.

39) 김영식판결문(1920. 12. 23 京城地方法院); 『大韓民國 獨立有功者 功勳錄』7, 國家報勳處, 1990, 365~366쪽.

40) 『황성신문』(2519호), 金堤郡中和學校에 補助諸氏가 如左홈, 1907년 06월 29일.

41) 『대한협회회보』12, 會員名簿, 1909년 03월 25일.

42) 『호남학보』제6호, 第二十四回 會錄, 1908년 11월 25일.

43) 『호남학보』제6호, 會員氏名 第六 橫看, 1908년 11월 25일.

이러한 인적 자원을 바탕으로 이인행을 비롯하여 기산도 등과 함께 감부서 요원으로 독립자금 모집 중 일경에 체포되었다.[44]

1928년 12월 26일 경성 종로경찰서장 이 작성한 고등경찰 비밀문서 제17300호 『사상문제에 관한 조사서류』에서 민치환은 천도교 종법사로 활동하고 있었다.[45] 천도교구파중앙종리원 집회에 참석하자 일제는 그 현황을 파악하여 검찰에 보고하였다.[46]

김철의 이명은 김영탁(金永鐸)·김중청(金重淸)이다.[47] 전라남도 함평군 신광면 함정리 605번지에서 출생하였다. 부친 김동진과 모친은 전주이씨로 4남 1녀 중 3남이다. 1908년 영광에 있는 광흥중학교에서 중학과정을 이수하였다. 1912년 서울에서 경성법률전수학교를 졸업하고, 1915년 일본 메이지 대학 법학부를 졸업하고 귀국했다. 중국 상해 프랑스 조계 마랑로 보경리 4호에 위치한 상해법률학교를 졸업하였다.

1917년 11월 14일 상해로 도항하여 임시정부에 투신하여 정무위원에 취임하였다. 1918년 8월 20일 중국상해 프랑스 조계 백미로 25호에서 여운형, 장덕수·조동호·선우혁·한

---

44) 『朝鮮騷擾事件關係書類(4)』, 獨立運動資金 募集者 檢擧의 件, 일본 육군성, 1919년 11월 5일.

45) 『사상문제에 관한 조사서류(5)』, 천도교 제사회정기총회 개최의 건, 京鍾警高秘 제17300호, 발신자 경성종로경찰서장, 수신자 경무국장 경기도경찰부장 경성지방법원 검사정, 1928년 12월 26일.

46) 『思想에 關한 情報』2, 天道敎舊派中央宗理院 集會取締 狀況報告 通報, 京鍾警高秘 제16613호, 발신자 京城 鍾路警察署長 1932년 12월 24일, 수신자 京城地方法院 檢事正, 1932년 12월 26일.

47) 『國外ニ於ケル容疑朝鮮人名簿』, 朝鮮總督府, 1938, 38쪽.

진교 등과 같이 6명이 발기인이 되어 신한청년당을 창당하였다. 신한청년당 기관지 『신한청년』을 발간하였으며 대한적십자회의 상의원도 역임하였다.

1918년 11월 중국 상해에서 미국대통령 윌슨의 특사 크레인을 초청하여 자주 독립을 요청하는 청원서를 전달하였다.

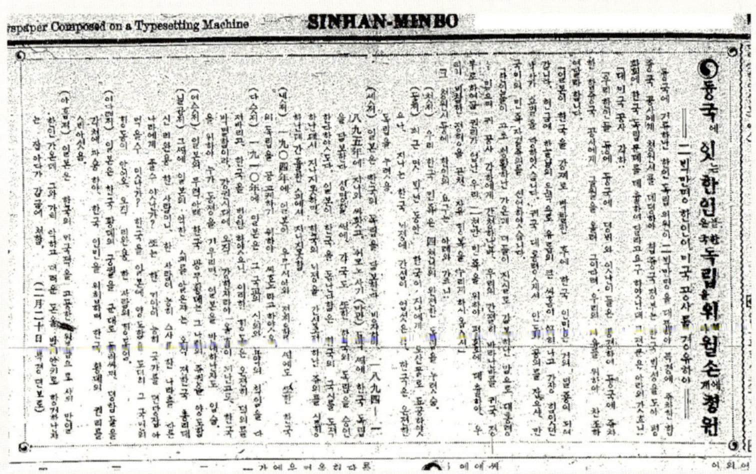
Newspaper Composed on a Typesetting Machine SINHAN-MINBO

중국에 잇는 한인은 한국독립을 위하야 윌손에게 청원

二百萬명 한인이 미국 공사를 경유하야

*전거: 『신한민보』, 중국에 있는 한인 독립청원, 1919년 3월 6일

1919년 여운형, 김규식 등과 협의하여 파리강화회의에 김규식을 선발하여 파견하였다.

김규식은 파리 시내에 있는 샤토당가 38호에 '파리강화회의 한국민대표관'을 설치하고 한국통신국을 병설하여 활동을 시작하였다.

그러나 파리강화회의에서 한국문제를 토의할 가능성에 대

해 1919년 7월 7일자 파리 앵탕트지는 "한국인들의 고난의 절규가 묵살될 것이 확실하다."라고 하였다.

1919년 1월 김철은 국내에 밀입국하였다. 전남 함평으로 가 동창생이며 보통학교 교사인 조병모(曺秉謨) 집에 은신하고, 지방 유지들의 협력을 얻고 또 자기 몫의 재산을 처분하여 독립운동자금을 마련하였다.

김철의 자산은 전남 함평에 논 1정(町) 5반(反) 값 3,000엔, 밭 5반보 값 200엔, 초옥(草屋) 1동 12평 값 200엔이었다. 김철은 1919년 2월부터 3월 하순까지 약 두 달간 기산도를 비롯하여 이인행 등을 만나, 3 · 1 만세운동을 계획하였다.

이인행선생과 감부소 동지들이 임시정부특파원이라 칭하며 가지고 활동한 임시정부 명의의 전라남북도 의무금요구특파위원 임명 사령서 · 임시정부 국민대회 취지서 · 선포문 · 13도 대표자 고유문(告諭文) 등은 김철과 한남수에게 전달받은 임시정부 문서였다.

1919년 김철은 제1회부터 제5회까지 임시의정원 전라도의원이었고, 1919년 8월부터는 임시정부 교통차장으로 임명되었다. 1920년 1월에 그는 김구 등과 같이 의용단을 발기해 독립운동에 박차를 가하고 의용단 산하 선전위원회가 조직되자 위원장 안창호를 도와 선전업무에 종사하였다.

1920년 3월 10일 하관항(下關港) 수상경찰서는 문사(門司) 항구 수상경찰서에 의해 김철의 이동 정보를 수집하였다. 김철은 함평군 가재 매각대금(家財賣却代金) 3,400엔을 휴대

(携帶)하고 부산을 거처 일본의 문사 항구 · 서간도 · 상해로 갔었다. 이때 아내 김정자(金貞子)여사도 동행한 것으로 보인다.[48]

김철이 거쳐간 키타큐슈(北九州)의 문사 항구는 1889년 북큐슈의 공업력과 연결된 대륙 무역의 기지로 외국 선박이 붐볐던 국제 항구다.

1925년 4월 김철은 아내 김정자여사를 상해 · 서간도 · 양자강 · 형주를 거처 조선으로 귀향시켰다.[49] 1925년 김철 아내 김정자여사는 38살의 젊은 나이로 생을 마친 단심의 여인이었다. 독립운동가 아내라는 이유를 들어 일제 경찰은 수시로 가택을 수색하고 수치심을 유발시켰다. 그리고 김철의 편지를 손에 들고 일제 경찰은 조롱과 야유를 보내기가 일수였다. 이러한 일제의 집요한 회유와 계속된 폭력을 견디기 어려웠기 때문이다.

1921년 9월 19일 상해에 조선인 민단 의사원 선거개표(開票) 결과 본구(本區)에 김철(金澈)이 당선되었다.[50]

김종택[51]은 1919년 5월 임시정부(大韓民國臨時政府)의 독립사상 고취와 국민대회 취지서(國民大會趣旨書) · 고유문(告

---

48) 「不逞鮮人 金徹(金永鐸)의 西間島行에 관한 件」, 『不逞團關係雜件-鮮人의 部-在上海地方5』(高警 제825호), 발송자 朝鮮總督府 警務局長(발송일 1925년 3월 10일), 수신자 內閣 拓殖局長(수신일 1925년 3월 14일).

49) 「不逞鮮人 金徹(金永鐸)의 西間島行에 관한 件 2」, 『不逞團關係雜件-鮮人의 部-在上海地方5』(高警 제825호), 발송자 朝鮮總督府警務局長(발송일 1925년 4월 2일), 수신자 內閣 拓殖局長(수신일 1925년 4월 6일).

50) 『在上海不逞鮮人の動靜』, 京城高警 제28373호, 1921년 10월 19일.

51) 일제 『판결문(대정11년 828호)』에는 김종택(金鍾澤), 일본 육군성 문서에는 김종탁(金鐸, 金鍾鐸)으로 기록하였다.

諭文) 등을 인쇄하여 배부하면서 동지를 규합하였다.

1919년 10월 21일 부하 여러 명과 함께 서울의 부호 홍종욱(洪鍾郁)으로 부터 군자금 370원을 모집하였다. 그런데 이후 종로경찰서에 이 사실이 전해지면서 체포되었다.

1919년 10월 21일 임시정부감부소 요원들이 모두 검거되기 시작하자, 일제는 "일왕 축제일에 맞추어 경사다"라고 하였다.

이인행선생이 활동한 전라남도 임시정부 국민대회 감부소와 같이 지하활동을 전개한, 경기도지역 임시정부 국민대회 감부소 요원들이 체포되었다. 경기도 감부소요원들 역시 상해임시정부와 긴밀하게 공조를 취하며 독립을 관철할 목적으로 활동하였다.

일제 경찰 경기도 도3부 경찰부에 체포된 국민대회 인사들은 독립선언 의지를 관철할 목적으로 종래의 의병이던 인사들이 중심이 되어 예수교의 청년단체와 연계하여 국민대회를 조직하고, 상해를 비롯한 전라남도의 동지와 연락하여 독립자금을 조달하였다는 협의로 다음과 같이 김교훈 외 14명을 검거하여 오늘 검사국으로 송치하였다. 피고 중 김교훈은 이미 사망하였으나 별명을 김학규(김규) 또는 김훈이라 칭하는 유생이었다. 조선시대에는 의병장으로 충청남북도 강원도 등지에서 항일운동에 힘썼을 뿐 아니라, 의병대장 기산도와 친밀하였다. 상해에 도항하여 임시정부에 자금조달을 맹서하고 귀국하였다. 피고 여지연 · 김차기 · 문진창 · 김동규 · 윤상렴 등으로 하여금 김천역전 김기영방에 체재하면서 독립자금을 조달하려다 체포된 것이다. 이인훈은 의병대장 허위의 부하이며 조종국은 본래부터 김교훈과 친밀하였다 한다. 김교훈(48, 본적 충남 대전군 유성면 복룡리), 조종국(50, 본적 충남 논산군 부적면 반송리), 정상진(41, 본적 경북 성주군 성암면 죽전동), 이지연(37, 본적 경북 성주군

벽진면 해평동), 이인훈(45, 본적 경기도 장단군 강상면 솔랑리 별명 이인훈), 한원교(25, 본적 충남 논산군 연산면 오산리 별명 한갑석), 서준세(28, 본적 전북 고창군 흥덕면 회룡리), 이헌구(33, 본적 충남 공주군 장기면 월성리), 왕기환(29, 본적 전북 익산군 함라면 함열리), 오학수(35, 본적 전북 부안군 보안면 류천리), 김동기(27, 본적 경북 금천군 조마면 신곡동), 황희연(48, 본적 전남 장성군 서삼면 괴정리), 문진창(41, 본적 전북 고창군 성송면 암치리), 윤상렴(37, 본적 전남 함평군 학교면 옥동리), 김동규(28, 본적 전북 김제군 초처면 구정리) 이상 14명을 독립자금을 조달 혐의로 체포하였다.[52]

이상에서 살펴본 것과 같이 임시정부 국민대회 감부소 요원들은 독립관철이 그 목적이었다. 그리고 기산도와 긴밀하게 대일 투쟁을 전개하였음을 알 수 있다.

조선독립운동의 군자금을 모집코자 군령장(軍令狀)을 인쇄하여 각처로 배부하고 독립운동의 중심인물을 만들려 하였다는 혐의로 이채우(李採雨), 김영준(金永準), 박선익(朴善翊), 최성우(崔誠愚), 김년제(金秊濟) 등 9명이 경성종로경찰서에 체포되다. 이들은 처음 이이우, 김영준, 양인이 천도교 제2세의 아들 최동희(崔東曦)와 상의하고 군자금 조달방법으로 사금을 채굴코자 계획하고 만주 길림성지방(吉林省地方)에 갔다가 류동설(柳東說)을 맞나 그의 지령으로 귀국하여 경성황금정(京城黃金町) 2정목(丁目) 신문관(新文舘) 사무원, 박선익(朴善翊), 최성우(崔誠愚), 김년제(金秊濟) 등을 설득하여 전기 군령상(軍令狀)을 인쇄하는 동시 각도에 애국금령수위원(愛國金領受委員)을 두고 군자금을 모집하려다 오늘 체포되었으며 전라남도애국금령수위원(全羅南道愛國金領受委員) 기산도(奇山度)와 경성부애국금령수위원(京城府愛國金領受委員) 김종택(金鍾澤) 일명(金澤) 외 4명은 물산회사를 조직하고 그 주금(株金)으로 모집한 돈을 상해(上海)로 보낸 바 있다는데 기산도외 4명은 장성군 황룡면 관지리에서 김종택 일명

52) 『每日申報』, 京畿道 第三部는 獨立宣言書의 意旨, 1919년 12월 28일자.

(金澤)은 영광군 백수면에서 19일부터 29일 사이에 체포되다.[53]

1919년 『매일신보』에서 애국금령수위원(愛國金領受委員)으로 독립자금의 조달을 위해 체포되었음을 상세히 알리고 있다.

이인행선생과 생사고락을 함께한 동지들은 의병대장 · 교사 · 임시정부요인 · 청년단체장 · 지역 명망가 들이었다.

이인행선생의 민족운동 전개지역은 함평 · 영암 · 순천 · 광양 · 고창 · 남원 · 군산 · 경성 · 양양 · 상해 등지가 무대였다.

이인행선생은 다양한 인사들과 교류하며 민중을 찾아 나선 폭 넓은 민족운동 역량감을 갖추고 있는 점이 남다른 특징이다.

53) 『매일신보』, 朝鮮獨立運動의 軍資金을 募集코자 軍令狀을 印刷하여 各處로 配付, 1919년 11월 3일.

가(假)정부 요인으로 광주·대구·광주형무소에 수감되다

가(假)정부 요인으로 광주·대구·광주형무소에 수감되다

이인행선생은 임시정부 특파원으로 활동하다가 1919년 10월 21일 체포되어 장성경찰서를 경유하여 전라남도 제3부(경찰부)에 1919년 10월 26일 이감되어 조사를 받고 광주형무소에 수감되었다.

> 각지를 배회하여 재산가로부터 의무금의 출자를 강요 수령하며, 또는 불온사상을 고취하여 민심을 선동한 기산도(奇山度)·김종탁(金鍾鐸) 및 이인행(李仁行) 외 기타 관련자 4명을 10월 21일 전라남도 제3부에서 검거하여 목하 취조 중인바, 그의 대강의 상황은 다음과 같다.[54)]

위와 같이 당시 전문, 신문, 판결문, 육군성문서에서 체포

---

54)『독립운동자금모집자 검거의 건』, 대정 8년 11월 5일자 고경 제31411호.

일자가 각기 다르게 나타난다.

이인행선생의 동지들은 1919년 10월 19부터 검거되기 시작하여, 이인행선생은 10월 21일경 체포되어 장성경찰서를 경유하여 전라남도 3부로 인계되는 과정에서 5일의 조사 기간이 소요되었다. 그 이후 신문에 보도되면서 10월 26일 체포된 것으로 기록하였다. 이렇게 경찰이 5일의 기간을 넘긴 이유는 형사 기소권이 2개월을 넘을 수 없고, 그 사유를 2회 이상 연장할 수 없는 형법 규정으로 인하여 최대한 구금일수를 산입하지 않은 것이다.

*전거:『한일병합사』, 히구마교수기증자료, 광주형무소 초기

당시 경찰은 헌병이 겸무하던 경무총감부가 경무국으로 대체되었다. 그리고 각도에는 도지사 아래 제3부(경찰부)를 신설해 도지사가 경찰 업무를 관장하였다. 제3부(경찰부) 아래 경무과 · 고등경찰과 · 보안과 · 위생과를 두었다. 중앙 경무국에는 경무과 · 고등경찰과 · 보안과 · 위생과로 4과 체제

였다. 고등경찰과의 업무는 일반 고등경찰 업무와 출판물 단속을 담당하였다.

이인행선생은 미결구금의 산입이 이루어지지 않았다. 실제 형은 1년을 받았지만, 미결수로 구금되어 있는 일수를 더하면 2년 4개월이다. 일제는 이 사건이 얼마나 복잡하였는지 광주형무소에 6개월을 구속하고 있다가 공판에 회부(回附)하였다. 형사재판은 구금 일을 2개월을 넘길 수 없으며, 재 구금할 경우 2개월씩 2회 이상을 구금할 수 없다.

1920년 5월 5일 광주지방법원에서 공판이 시작되었다.

이인행선생은 "내 나라에서 임시정부요인으로 마땅히 독립을 위해 일한 것이다! 내게 무슨 잘못이 있는가! 조선을 침략한 일본이 강도짓을 한 것이다"라고 하였다.

이인행선생은 1개월 보름을 넘기고 나서 형이 선고되었다.

1920년 7월 19일 보안법(保安法)위반으로 광주지방법원에서 징역 1년형이 선고되었다.[55]

1920년 7월 19일 1심에서 공소가 취하로 형이 집행되면서, 광주형무소에서 8개월에 이르는 미결수 기간을 정리하게 되었다.

1920년 7월 19일 보안법 특별범으로 형사사건에 배당되어 대구 복심법원으로 이송되었다. 이인행선생은 대구 복심법원(覆審法院)에 항고하였다. 그러나 공소가 취하되고 대구형무소에 수감되었다.

---

55) 『함평군지』, 함평군지편찬위원회, 1969, 121쪽.

1921년 2월 18일 일제는 이인행선생의 항고사유가 일제의 식민지 정책에 부합하지 않는 다는 이유를 들어 기각하였다.

이같은 이유로 고등법원에서 항고가 기각되면서 형이 확정되어 2년 4개월의 옥고를 치렀다.56)

1922년 2월 19일 이인행선생은 임시정부 특파원으로 일제의 고문과 투옥을 견디고 만기 출옥하였다.

1920년 7월 19일 일제가 작성한 광주지방법원(光州地方法院) 판결문(判決文) 52호 원본은 일본어와 한문혼용으로 작성되어 있다. 판결문에는 이인행 · 김철 · 기산도 · 김종택 · 황병학 5명의 공판내용이 기록되어 있다.

판결 이후 예심 종결 판결은 그 다음 해인 1920년 7월 19일 경에 예심이 종결되었다. 예심이 종결되는 동시에 김학로는 면소되었다. 본인 외 3인은 기소되었다. 광주지방법원 공판으로 회부되었는데 당시 박은용은 고창에서 체포되었다.

이인행선생외 5인 동지 판결문과 고등법원 상고된 기산도 판결문을 종합한 일제 경찰문서가 1919년 11월 5일자 '고경 제31411호, 독립운동자금 모집자 검거의 건'이다.57)

---

56) 光州地方法院, 『判決文52호』, 朝鮮總督府, 1920. 7. 19; 大邱覆審法院, 『執行原簿, 160호』, 朝鮮總督府, 1921. 2. 18; 김정명, 『明治百年史總書』제1권, 分冊, 169-170쪽; 국가보훈처, 『독립운동사』3권, 607쪽; 국가보훈처, 『독립운동사자료집』9권 386-388쪽.

57) 『독립운동자금모집자 검거의 건』, 대정 8년(1919년) 11월 5일자 고경 제31411호.

독립 운동 자금 모집자 검거의 건 내용

판결문, 5114호, 영구년 보존 대정11년도, 집행과 분류번호828, 복능명칭 판결문, 대정11년 자(自) 10월 지(至)12월 형사재판서 원본, 광주 154, 775 대정6년 예 제39호, 예심종결 결정, 경기도 파주군 문산면 직업 불상 김철 42년, 전라남도고흥군 도화면 당조리 농 기산도 43년, 동도 영광군 백수면 장산리 농 김종택 32년, 동도 함평군 평릉면 초포리 농 이인행 33년, 동도 순천군 도사면 인덕리 직업 불상 황병학 45년.

임시 정부 국민 대회 전라 남·북도 의무금 요구 특파 위원이라 칭하며, 각지를 배회하여 재산가로부터 의무금의 출자를 강요 수령하며, 또는 불온사상을 고취하여 민심을 선동한 기산도, 김종탁 및 이인행의 기타 관련자 4명을 1919년 10월 21일 전라남도 제 3부에서 검거하여 목하 취조 중인바, 그의 활동상황은 다음과 같다.

1. 범인

전라남도 장성군 황룡명 관동리 체포 양반 농업 기산도 31세
선라남노 영광군 백수면 장산리 체포(일명 김탁) 김종탁 31세
경성부 익선동 번지 미상 미체포(일명 연상) 김철 41세
전라남도 장성군 황룡면 필암리 미체포 박은용 52세
전라남도 함평군 평릉면 이하 미상 체포 이인행 22세
전라북도 고창군 천남면 내기리 미체포 민치환 40세
전라남도 함평군 신광면 구봉리 미체포 김영탁
전라남도 영광군 묘장면 묘장리 미체포 이 문복

2. 검거의 단서

전기 김종탁은 금년 10월 중 경성에 있어서 그의 부하 수명과 함께 부내의 부호 홍종욱 집에 들려 일금 3백70원의 적극 통장을 강탈한 사실이 있다. 당시 관할 종로 경찰서에서 그의 관련자를 체포했기 때문에 본 건 검거의 단서를 얻게 되었다(기보 10월 19일 고경 제29490호 후단 참조)

3. 범죄의 동기

기산도가 금년 2월말 이태왕 국장 배관을 위하여 경성에 와서 체류 중 3월 상순 일찍부터 알고 있는 김철과 회합하였을 때, 김철은 기산도를 향하여 목하 동포는 유혈의 고초를 달게 받았으며 독립 운동에 활약하고 있는데 우리들도 지방 자산가를 유세하여 운동비의 출자를 요구할 생각이니 당신도 같이 동행하자고 권유하자, 일찍부터 병합 이래의 총독 정치에 대하여 불만을 품고 어떠한 기회만을 기다리고 있었기 때문에 바로 이에 쾌히 승낙하고, 5월 중 양인은 함께 김종탁을 권유하여 동지로 가입시켰던 것이다. 또 기산도가 새로운 정부에 반대하는 이유로서 말하는 바에 의하면, 자기는 양반의 집에서 태어났기 때문에 가령 무자산, 무력하다 하더라도 구한국시대에 있어서는 생활의 궁색함은 없었으나 합병 이래 양반의 세력을 실추하였기 때문에 호구지책이 궁지에 떨어졌다. 차제에 구한국 시대를 재현하면 우리들의 경우를 만회하여 옛날의 세력을 부활할 수 있을 것이라는 생각에서 독립을 희망하는 것이라고 한다.

4. 범죄 사실

(1) 기산도는 금년 3월 이래 김철과 행동을 같이하여 5월중에 양인은 임시 정부 국민 대회 감부서의 명의를 가지고 전라남·북도 의무금 요구 특파위원을 임명한 사령서 및 국민 대회 취지서, 선포문 및 13도 대표자 고유문 10수매를 가지고 가정부 특파원 이라고 칭하며, 먼저 전라남도 영광군 백수면 장산리 김종탁을 방문하여 동인을 13도 대표의 일원으로 명하고, 또 동도 장성군 황룡면 필암리 박은용에게 의무금 요구 특파원을 명하여 7월 상순부터 전라 남·북도 각지에 걸쳐 행동을 개시하였으나, 김철은 6월 23일 진작부터 알고 있던 김요선을 방문하여 동지로 가입시키고 동인으로부터 일금 1백 60원의 의무금을 수령하여 그 중 60원을 기산도에게 교부하고 자기는 목포, 해남 지방을 유세하여야 하겠다고 말하고, 6월 26일 김요선 집을 출발한 이 후 행적불명이라고 한다.

(2) 기산도 · 김종탁 · 박은용 · 이인행 · 황병학의 5명은 일당으로 되어 7월 12일 전라남도 순천군, 곡성군, 전라북도 남원군, 순창군의 각 군에 걸쳐 전기와 같은 불온문서로 보이며 독립 운동의 선전을 하였으며, 8월 상순에 이르기까지 그들은 일단으로 되며 또는 분리하여 각지를 배회하면서 운동의 선전, 또는 자금을 강요하여 다음과 같이 모금하였다.

임실군 김영식 1백 30원, 동도 남원군 황용주 1백 10원, 동도 동군 윤용섭 1백원, 전라남도 곡성군 이공삼 40원, 동도 동군 안재우 10원, 동도 동군 김창규 40원, 동도 동군 조원규 15원, 동도 순천군 김모 2백원, 동도 동군 조덕중 40원, 계 6백 85원(김요선의 1백 60원을 합하여 8백 45원)

그리고 기산도는 8월 초순 그와 행동을 함께 하던 일행에 대하여 우리들 5명은 약 1개월에 거쳐 행동하여 겨우 1천 원 미만을 얻었음은 필경 이 행동의 위험성이 있었기 때문이다. 금후 계속한다면 위험성은 이것 이상으로 곤란에 처할 것이며, 또 한편 주모자인 김철의 소식은 상금까지 불명이므로 일단 해산하는 것이 어떠하겠느냐고 제의하자, 일동은 모두 이에 찬성함으로써 현재까지 모금한 모집금을 황병학은 3백원, 박은용은 2백 60원, 기산도는 1백원을 분배하고 이인행, 김종탁에게는 기산도의 수령금에서 20원씩 교부하고 해산하였다. 또 전기 범인 중 민치환 이하 3명은 기산도 등의 별개의 일단으로서 경성, 상해 방면을 왕복하고 있음을 인정하는 점이 있으나 미체포이기 때문에 아직 범죄 사실이 판명되지 않았다. 발송치 전회 보고와 같다.[58]

이인행선생은 임시정부특파원으로 독립자금모집과 임시정부 고무를 선전 고무한 죄목으로 투옥되었다.

이인행선생은 전국을 순회하면서 가정부 선전 및 고취에 앞장섰다. 전라도 일원에서 임시정부국민대회 전라남북도 의

58) 『지방민정 휘보』, 대정 8년(1919년) 11월 5일자 고경 제31409호.

무금 특파위원임을 밝히고 지역 유지로부터 독립운동의무금의 출자를 받았다.

그리고 국제질서에 따라 곧 조선이 독립될 것임을 알렸다. 그러다가 기산도를 비롯한 동지 5명과 함께 10월 21일 전라남도 제3부에 검거되어 조사가 시작된 것이다.

처음 조사에서 김철(김연상, 41세)이 함평 출신임에도 서울에 주소를 둔 인물로 파악하였다. 이는 체포된 동지들이 입을 굳게 다물고 심문에 응하지 않았음을 알 수 있다.

1919년 10월 중순 김종탁은 경성에서 여러 명의 부하를 거느리고 경성부의 부호 홍종욱(洪鍾郁) 집에 들어갔다.

그리고 일금 3,700원의 적금 통장을 의무금으로 징세하였다. 그러나 홍종욱의 강도사건 밀고로 종로경찰서의 일제 경찰의 집요한 추적이 시작되었다.

김철은 기산도에게 "지방 자산가에게 독립운동 자금 출자를 요구할 생각이니 당신도 같이 가자!"고 권유하였다.

기산도와 동지들은 일찍부터 식민지 총독정치에 대하여 불만을 품고 있었기 때문에 바로 승낙하였다. 5월 중 두 사람은 함께 김종탁을 권유하여 동지로 가입시켰다.

1919년 3월 이래 김철과 행동을 같이한 동지들은 임시정부국민대회 감부서(監部署)의 명의를 가지고 전라남북도 의무금 요구 특파위원을 임명한 사령서 · 국민대회 취지서 · 선포문' · 13도 고유문을 소지하고 선전 배포하였다.

먼저 전라남도 영광군 백수면 장산리 김종탁을 방문하여

5인 동지들은 가정부특파원이라고 칭하며, 김종탁을 13도 대표의 일원으로 명한 것이다.

또 전라남도 장성군 황룡면 필암리 박은용을 의무금 요구특파원으로 명하여 7월 상순부터 전라남·북도 각지에 걸쳐 행동을 개시하였다.

김철은 잘 알고 있는 인사를 찾아 나섰다. 6월 23일 김요선(金堯璿)을 방문하여 동지로 가입게 된다.

일금 1,600원의 의무금을 수령하여 그 중 600원을 기산도에게 교부하였다.

1919년 6월 26일 김철은 이인행·기산도 등과 분산하여 목포방향을 경유하여 해남 지방으로 떠났다.

이인행·기산도·김종탁·박은용·황병학 동지들도 7월 12일 순천·곡성·남원·순창의 각 군을 차례로 순회하고 참여를 당부하였다.

김철에게 받은 가정부 독립운동 감부소 문서를 보이며 독립운동을 선전한 것이다.

1919년 8월 초순에 일단 각자 임무지역을 분산하여 독립운동을 위한 선전활동과 독립운동 자금을 모금하였다.

이어서 기산도 제의로 5인동지들이 회합을 가졌다. 기산도는 한 달 동안의 활동 경과를 보고하였다. 그리고 김철과 연통이 되지 않자 감부소 요원 보호를 위해 각자 위치에서 다음의 명령을 받기로 하였다. 그리고 모금한 독립자금은 5인동지 회의를 통해 모집금은 분할하였다. 황병학은 300원, 박은용은 260원, 기산도는 100원을 분배하고 이인행 · 김종탁에게는 기산도의 수령금에서 20원씩 교부하고 해산하였다.

동지 중 민치환 이하 3명은 기산도 등 5인 동지와 별개의 사안으로 경성 · 상해 방면을 왕복하고 있음을 감지하였으나, 일제는 그 정확한 소재와 활동 내용을 파악하지 못하였다.

이상의 내용은 이인행선생의 1920년 7월 17일자 판결문을 추적해본 것이다.

일제는 이인행선생에게 징역 1년을 선고하였다. 그리고 김철에게는 "신한청년당 대표로 국내에 파견되어 군자금 모금 활동을 전개하였다"며 궐석 재판에서 5년형을 선고하였다.

연통을 기다리던 중 김철이 "1922년 4월 10일경 서울에서 체포되었다."는 첩보가 전달되었다. 그런데 광주지방법원에서 재판이 진행된 결과 그는 밀정 가(假)김철이었다.

五代獨子

假金徹은 警察密偵

生計조차 漠然

會社印을 僞造

京元全通

京元郵便復舊

電信大槪恢復

*전거: 『동아일보』, 가(假)김철은 警察密偵金演相; 독립단 내뎡(내정)을 뎡탐(정탐)코자 표면상 군자금모집운동원 행세한 자, 검사는 삼년오개월 징역구형, 1922년 8월 26일

밀정 가(假)김철은 임시정부에 김철이 있음을 알고 임시정부요원을 사칭하였다.

밀정 가(假)김철은 김철과는 다른 인물로 일제에 이어, 1921년 11월부터 조선총독부 경무국에 촉탁 되었다.

밀정 가(假)김철은 독립운동가를 밀고하고 매월 500원의 수당을 받고 있었다. 제1차 세계대전과 일본의 시베리아 출병 때 일본을 위해 일함으로써 일본 정부의 훈장을 받았었고, 블라디보스토크에서도 오랫동안 일제를 위해 일한 반역자이다. 1922년 8월 26일 『동아일보』에 이 사건이 자세히 소개되었다.

전라남도 장성에 사는 기산도가 3년 전 2월경에 고종태황제의 정직을 배관하기 위하여 상경하였다가 경성부 재동 심재설의 집에서 상해에 있는 조선독립임시정부원이라는 김연상(金演相)이라는 별명을 가진 김철을 만나 독립사상을 고취하고 독립자금을 모집할 사명을 받아가지고 그 사람과 같이 전라남도 지방으로 내려와 자기의 고향인 장성군에 근거를 두고 김종탁·박은용·황병학·이인행 등을 동지로 가입시키어 임시정부 감부소 명의로 전라남북도의무금모집특파위원의 사령서를 주며 그 감부소 명의로 독립자금을 내지 않는 자에게는 위해를 준다는 뜻의 문서와 국민대회 선전문 약 200장을 나누어 주어 활동케 하다가 기산도 등이 경찰에 검거되어 재작년 7월 19일에 광주지방법원에서 대정 8년 제령7호 위반제를 공판을 받을 때에 기산도 등이 체포되기 전에 서울로 올라간 까닭에 궐석으로 5년 징역 선고를 받았던 김철이 금년 4월 10일경 경성에서 체포되어 광주지방법원의 공판에 붙였는데 정말 본인 되는 김철은 상해임시정부 안에 멀쩡히 있고 지금 잡힌 김철은 이름은 같으나 다른 사람이라는 전라남도 경찰부의 탐문으로 인하여 정말 이름이 김연상인 거짓 김철이 밝혀지는 동시에 그 자는 대정 10년 11월부터 총독부 경무국 촉탁이 되어 경찰사항에 대한 일고를 하여주고 매월 수당 500만원씩을 받아먹는 사실이 밝혀져 지난 22일에 광주지방법원에서 앵전 판사의 손에 공판이 열렸는데 피고는 대정 3년부터 대정 9년까지의 전역의 훈공으로 일본정부로 서훈(8등급)을 받았고 또한 군기장까지 받은 일이 있다 진술하였고 3년 3개월의 검사 구형이 있은 후 변호인의 청구에 의하여 독립자금을 제공하려는 정성으로 자기의 농사직을 팔아서 소를 팔아서 돈 1,200만원을 냈던 장성군 황룡면 월평리 김요선과 현재 복역 중인 기산도를 증인으로 심문이 있었고 피고는 오랜 동안 블라디보스토크에서 일본을 위하여 노력하였으며 현재 경무국의 밀정으로 있는 자가 배일사상을 가질 이치를 만무하고 밀정된 책임을 다하기 위하여 배일단의 내정을 정탐하려는 수단방법으로 기산도와 연락한 듯하다는 강세형 변호사의 변론이 있었는데 판결언도는 오는 29일이라더라.[59]

일제의 밀정이나 반역자가 임시정부의 요인을 사칭한 것은, 임시정부 요인의 활동이 민족 선망의 대상이 되었기 때문이다.

1919년 10월 26일 이인행선생은 전라남도 경무부 3부로 이감되어 11일간 악독한 조사를 받았다.

1919년 11월 5일 광주검사국(光州檢事局)으로 이송되어, 광주형무소(光州刑務所)[60]에서 미결수로 수감생활이 시작되었다.

이인행선생에게 광주형무소에서 긴 옥고의 험난한 시간이 기다리고 있었다. 이인행선생도 광주형무소에서 여외(慮外) 없이 고문 취조가 시작되었다. 이 기간 중 기산도도 함께 있

59) 『동아일보』, 假金徹은 警察密偵金演相; 독립단 내명을 명탐코자 표면상 군자금모집운동원 행세한자, 검사는 삼년오개월 징역구형, 1922년 8월 26일.

60) 조선총독부, 『관보』, 조선총독부 시정30년사 년표, 1923년 5월 5일.

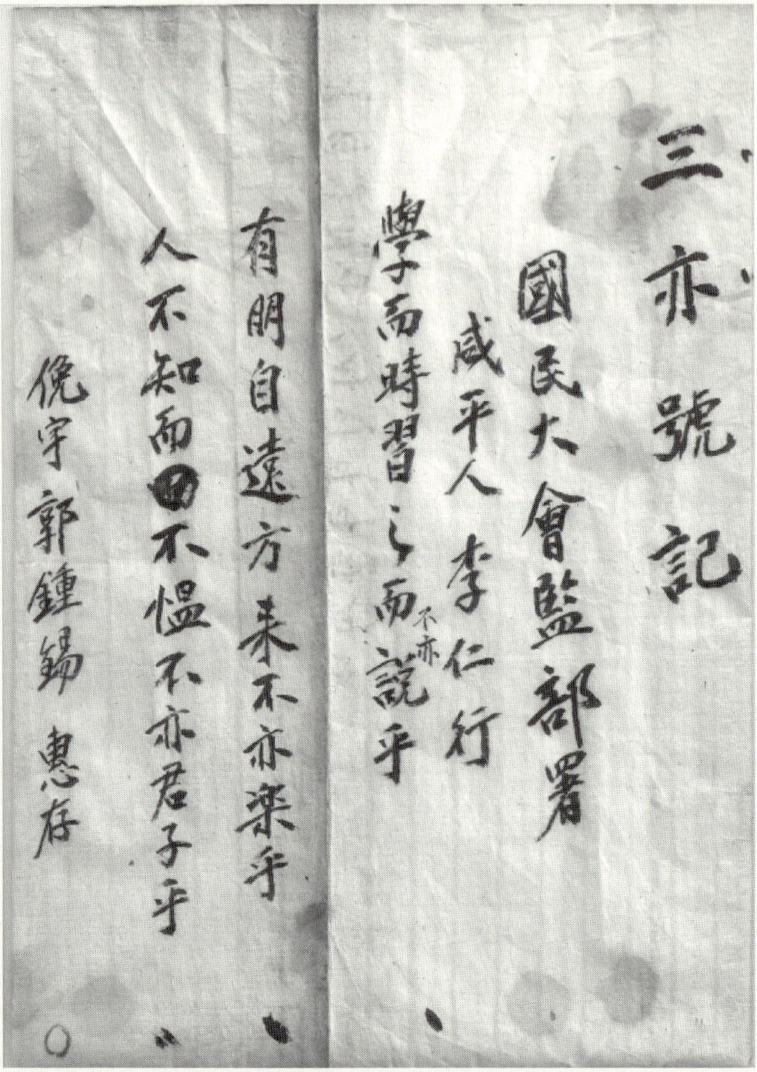
三亦號記

國民大會監部署

咸平人 李仁行

學而時習〻而不亦說乎

有朋自遠方來不亦樂乎

人不知而[illegible]不慍不亦君子乎

俛宇 郭鍾錫 惠存

*전거: 『이인행유품』, 면우 곽종석이 지어준 호기

었다.[61]

1920년 5월 5일에 이르러 공판에 회부되었다. 일제는 형사법에 6개월 미결수 구속 기간을 다 채우며 재판에 회부한 것은 중대사건으로 분류되었기 때문이었다.

이인행선생은 여기서 면우 곽종석(郭鍾錫)선생과 함께 보낼 수 있게 되었다. 광주형무소에서 만난 뜻 깊은 인사였다.

곽종석선생은 파리장서사건으로 광주형무소에 수감되어 있었다. 곽종석은 영남의 대표 유학자이다. 어려서부터 유교의 경전을 섭렵하여 20대 초반에 학자로 명성을 떨쳤다.

1919년 3·1운동 뒤 유생들의 연서(連書)를 받아 파리강화회의에 독립을 호소하는 파리장서의 호소문을 작성하여 김창숙(金昌淑)을 통해 발송케 했다.

이인행선생은 광주형무소에서 곽종석과 함께 나라의 정세를 문답하였다. 그러자 곽종석은 독립 의지에 불타는 이인행을 칭찬하면서 아호와 호기(號記)를 지어 주었다.

삼역호기(三亦號記)

학이시습지불역열호(學而時習之不亦說乎) 유붕자원방내부역낙호(有朋自遠方來不亦樂乎) 인불지이부온부역군자호(人不知而不慍不亦君子乎), 배우고 때로 익히면 또한 기쁘지 아니한가. 벗이 먼 곳에서 찾아오니 또한 즐겁지 아니한가. 남이 나를 알아주지 않더라도 노하지 않으면, 또한 군자가 아니겠는가.[62]

---

61) 『독립신문』79, 各地의 獨立萬歲, 1920년 5월 27일.

62) 『논어(論語)』 학이편(學而篇).

곽종석은 "스승에게 배우고 연구하는 기쁨과, 덕행이 다른 이까지 미치니 따르는 동지가 있고, 뜻이 굳건하니 진정한 인격자다"라고 하셨다. "삼역(三亦)이 잘 맞아!"라고 하였다. 그리고 서문인 호기(號記)을 써 주셨다.

곽종석은 이인행선생이 독립만세 함평문장 지휘자이며 임시정부특파원임을 알고 나서. "삼역이군 훌륭해! 삼역 정말 장하군! 삼역은 큰일을 할 애국지사여!" 하면서 칭찬과 격려를 아끼지 않았다.

곽종석은 유림 대표단이 삼일독립만세운동에 참여하지 못한 것을 크게 아쉬워하던 차였다. 곽종석은 74세의 노구에도 유림 137명 서명을 얻어 2,674자의 파리강화회의 유림단 탄원서를 작성한 인물이다.

탄원서의 요지는 첫째, 여러 나라 여러 겨레는 제각기 선통과 습속이 있어 남에게 복종이나 동화를 강요받을 수 없다. 둘째, 사람이나 나라는 그 자체의 운용능력이 있어 남이 대신 관리하거나 통치할 필요가 없다. 셋째, 조선은 삼천리 강토는 일본의 간섭이 배제되어야 한다. 넷째, 일본은 지난날 한국의 자주독립을 약속했지만 포악한 수법으로 독립이 병합으로 변하고 있다. 다섯째, 일본의 포악무도한 통치에 더 이상 참을 수 없어 우리는 거족적 독립운동을 벌이고 있다. 폴란드 등의 독립소식을 듣고 희망에 부풀어서 만국평화회의가 죽음으로 투쟁하는 우리 2,000만의 처지를 통찰해 줄 것으로 믿고 있다. 그러나 해를 넘기지 못하고 곽종석선생도 절명하였다.

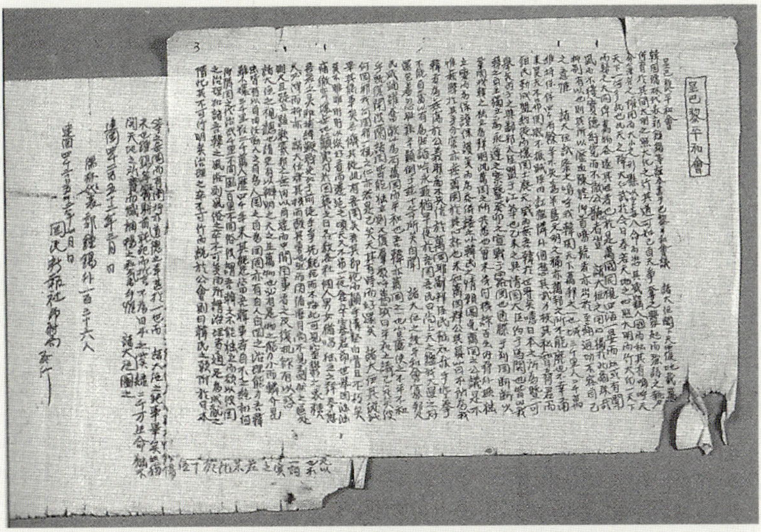

*전거: 『파리평화회의에 제출한 독립청원서』, 독립기념관

광주형무소는 1908년에 개설되어 대한제국 말기와 일제 강점기 초기까지 광주감옥으로 불렸다. 1923년에 광주형무소로 개칭되었고, 광주 동명동에 붉은 벽돌 건물로 세워졌다. 1961년에 광주교도소로 이름이 바뀌었다.

광주형무소는 일제에 의해 체포된 독립투사들의 고문 · 살인 · 악형 · 총살의 현장으로 악명이 높았던 곳이다. 광주형무소 감옥은 일제와 투쟁한 민족운동가들이 교수형을 당했거나 순국한 곳이다. 여운형(呂運亨)도 당시 광주형무소 생활에 고문과 폭력으로 고막이 파열되었다.[63)]

---

63) 『신동아』, 여운형 옥중기, 1932년 9월호.

*전거: 『광주민속박물관』, 광주형무소

1908년 4월부터 11월 사이 일제는 경성을 비롯한 광주·평양·대구·공주 등 전국의 16개소에 근대식 감옥이 설치되었다. 1919년 5월 8일 공포된 총독부령 제86호에 따라 신설되었다. 1923년 5월 5일 총독부령 제72호에 의거 감옥소가 형무소로 개편되었다.[64] 이는 삼일독립만세운동을 전후로 애국지사를 구속하기 위해 많은 형무소가 신설되었다.

1920년 7월 19일 공판에서 이인행선생을 1년형을 언도 받게 되었다. 당시 사건 담당 일제검사는 굴검사정(屈檢事正)이었으며 공판을 최대한 미루고 형법상의 구금 기한 마지막 날 언도한 것이다.

1920년 7월 19일 이인행선생은 "조선의 독립을 위해 선전하는 것은 당연하다."고 하며 광주지방법원에 공소를 제기하자 사건의 중요성과 매우 복잡하다는 이유를 들어 공소를 취

64) 『조선일보』, 조선총독부 법무국에서 각형무소의, 1937년 3월 25일.

*전거: 『대구형무소』, 이인행 소장품

하시키고, 형사사건임으로 대구 법원으로 송치시켰다. 이인행선생은 대구형무소(大邱刑務所)로 옮겨져 옥중생활이 계속되었다.

대구형무소에서 형사수인번호 1,311번이 가슴에 붙여졌다.

이인행선생은 1920년 10월 11일 3개월이 다 지나고서야 공판이 개정되었다. 이 공판에서 이인행선생은 "조선이라는 나라는 없으며 대일본제국의 질서를 파괴한 보안법위반자이다."라고 하며 5인 동지들과 함께 구형이 집행되었다.

1921년 2월 18일 대구형무소 수감된 지 4개월 후에 초심과 같이 기각 판결을 언도 받고 원심대로 1년형이 확정되었다. 1921년 8월 15일 이인행선생은 형사수인번호 1,311번의 대구형무소 생활을 청산하고, 다시 광주형무소로 이감되었다.

이인행선생은 광주형무소에서 다시 형무소 생활이 이어졌다. 이인행선생은 형사수인번호가 119번으로 바꾸어 붙게 되었다. 형사수인번호 119번 이인행선생이 지향한 조선의 독립은 당연하지만, 일제의 군대와 경찰이 주둔하는 식민지 현실에서는 무차별 폭력과 고문이 자행되고 힘겨운 감옥 생활이 기약 없이 연속되었다.

형사수인번호 119번 이인행선생은 일제가 생각하기에 척결해야할 독립운동가이었다.

그 이유는 일제가 이인행선생의 구금일수 전부를 본형에 산입하여야 함에도 불구하고 형기를 연장하여 마치게 한 부분이 그러하다. 이 때문에 일제는 이 판결 자체가 위법하게 되는 것이기에, 원심에서의 재정통산 및 법정통산에 의한 미결구금일수를 본형에 산입하지 않았다.

일제는 악의적으로 이인행선생이 재정통산의 대상이 되는지 여부를 판단하지 않았다. 그리고 보안법 혐의만을 새롭게 적용함으로서 실제로는 중형을 치르게 한 것이다.

이인행선생은 1919년 년 10월 17일 일제경찰에 단서가 포착되어, 10월 21일 일부동지가 체포되고, 10월 26일 전남도 3부 경무부 정보경찰에게 구금되었던 것이다.

이 시점부터 이인행선생의 강제구금 · 구속 · 수감 · 미결수로 감옥에서 보낸 기간은 1년 4개월이다. 다시 형이 확정되어 1년의 옥고를 치렀다. 일제는 이인행선생의 형량을 사실과 다르게 "옥중생활이 1년이다."라고 한다.

애국지사 이인행선생은 1919년 10월 21일부터 1922년 2월 19일 석방되기까지 2년 4개월의 긴 옥고를 치렀다.[65)]

65) 『함평군지』, 함평군지편찬위원회, 1969, 122쪽.

민립대학 설립운동에 나서고 창씨를 거부하다

민립대학 설립운동에 나서고 창씨를 거부하다

1924년 1월 20일 이인행선생은 민립대학기성회(民立大學期成會) 함평군부(咸平郡部) 평릉면지부(平陵面支部)를 결성하고 지부장(支部長)에 선출 되었다.66)

1934년 이인행선생은 함평향교 간사(幹事)로서 180여명의 유림들을 조율하며 강학소 운영과 교육의 부활에 역점을 두고 활동하였다.67)

함평의 유림들은 의병활동과 독립 열망이 드높았다. 함평 유림들의 선친들은 대부분 민족운동에 참여하거나 지역사회에 기여한 덕망가 들이었다. 일제가 기술한 『전남폭도사(全南暴徒史)』에서 일제에 저항 인물 대부분이 함평 인사들로, 나라를 위하는 일에 주저하지 않았다. 민족운동에 참여한 인

---

66) 『동아일보』, 民立大學期成會 咸平郡部 平陵面支部가 결성되다, 1924년 1월 20일.

67) 『함평향교지』, 咸平鄕校明倫堂, 1934(昭和9年).

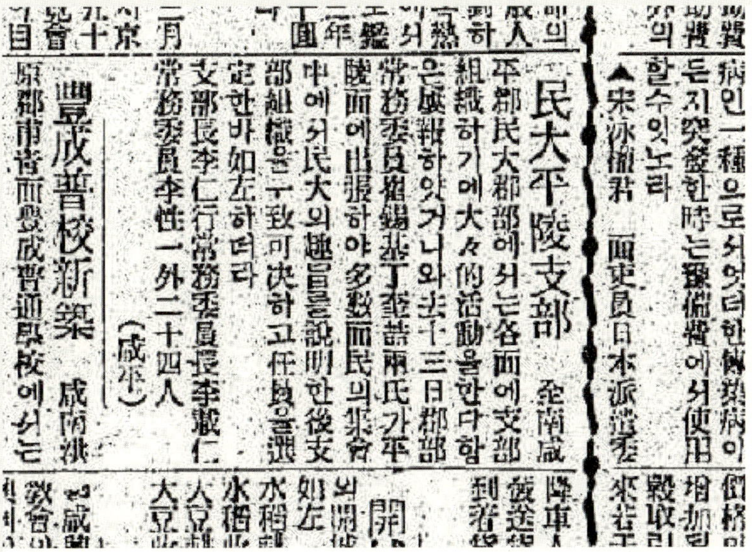

民大平陵支部

全南咸平民大郡部에서는各面에支部組織하기에大々的活動을한다함은既報하얏거니와去十三日郡部常務委員柳錫瑞丁泰普兩氏가平陵面에出張하야多數面民의集會中에서民大의趣旨를說明한後支部組織을一致可決하고任員을選定한바如左하더라

支部長李仁行 常務委員長李敏仁 常務委員李性一外二十四人 (咸平)

豐成普校新築

*전거: 『동아일보』, 民大平陵支部(咸平), 1924년 1월 20일

사들은 모두가 명문벌족(名門閥族) 출신으로 경서(經書)나 사기(史記)에 통달하고 있다.

이들은 각 종문의 올바른 행의(行誼)와 가르침을 남다르게 전승하고 있었기 때문이다. 함평 민중들 또한 일제 타도를 위해서 하나가 되었다.

이인행선생의 정신적 기반이 된 충효의 행의와 가르침의 전당은 사산사(射山祠)이다. 사산사는 『문헌비고』와 『전고대방』에 사정촌사우(射亭村祠宇)로 기록된, 조선시대 함평지역의 사우로 유림들의 출입이 빈번한 곳이다. 사산사는 향중의 예송과 교육 기능을 원활하게 수행하였다.

이인행선생은 1922년 4월 12일 사산사에서 열리는 평릉강

습소(平陵講習所) 독서회를 주도하였다.68)

이인행선생의 강습회 개최는 여타의 지역에 앞선 문화운동이었다. 곧 사산사에서 이인행선생은 향촌 문화를 이끌면서 가르침과 배움을 몸소 실천하였다. 사산사는 나산면 초포리(草浦里) 마을 중앙에 자리 잡고 있다. 1936년에 건립한 건물은 정면 3칸 · 측면 1칸의 맞배지붕으로, 사우 · 내삼문 · 경행당(景行堂)이 있다. 사산사 기록문으로 복건통문(1936) · 복건기(1936) · 함평이씨선생사유허비(1892)가 전한다.69)

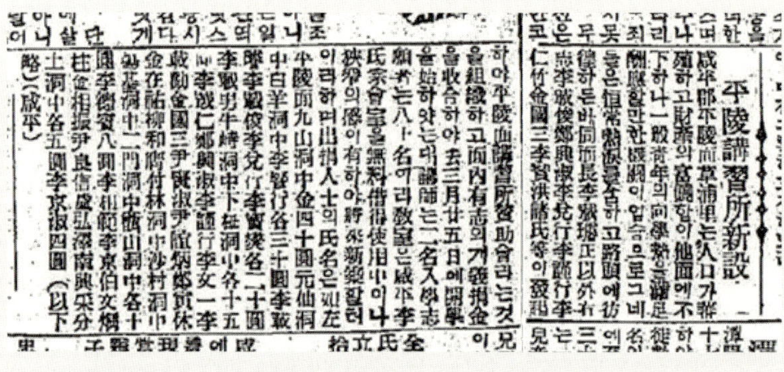
平陵講習所新設

*전거: 『동아일보』, 平陵講習所新設, 面長李載璿氏等의 發起로(咸平), 1922년 4월 12일

사산사는 함평이씨의 선조의 얼을 기리고 있다. 그 중에서 10세손 이춘수(李春秀)는 문무를 겸비하여 이름을 날렸고, 홍문관 응교로 재직시에는 학문으로, 그리고 여말의 왜구 창궐

---

68) 『동아일보』, 平陵講習所新設, 面長李載璿氏等의 發起로(咸平), 1922년 4월 12일.

69) 이유중 記, 이돈호 書, 이민숙(李敏淑) 이용헌 立碑, 높이 165㎝, 폭 58㎝, 두께 18.5㎝, 9행40자의 비이다.

기에는 왜구의 침략을 막아 명성도 얻었다. 사후에 이조판서에 추증되었다.

그의 아들 이긍(李兢, 1389-1433)은 1405년 생원시에 급제한 후 1427년(세종 9) 중시문과에 급제하여 대제학을 두루 거쳐 기성군(箕城君)에 봉해졌다. 1433년 사신으로 중국에 가서 성삼문과 같이 접영시에 급제한 인물로 중국에 널리 알려졌다.

그리고 이접(李慴)은 호를 효우당(孝友堂)이라 하며 이춘수의 아들이자 이긍의 동생이다. 일찍이 김종직의 문하에 들어가 수업하면서 김굉필 등과 교류하였다. 향리에 사괴정(四槐亭; 나산면 우치리)을 지어 후학을 길렀다.

이종생(李從生)은 어려서부터 기백이 출중하여 남다름을 보였다. 특히 활 쏘는 솜씨가 좋아 1460년 무과에 급제하였다.

그 후 적개공신에 훈록되고 함성군(咸城君)에 봉해졌다. 평안·충청·함경·경상도 절도사를 두루 역임하였다. 장량(莊襄)이란 시호를 받았으며 병조판서에 추증되었다.

이상과 같이 이인행선생의 선조들은 모두가 국가에 충성하였거나 향촌사회에 기여한 인물임에 틀림이 없다.

당시의 사산사 건립에는 이홍직(李弘稷)과 이명룡(李命龍)이 주력하였다. 이홍직은 그의 아들 이보영(李普榮)과 함께 중앙 정계에도 잘 알려진 인물이었다.

1868년 다른 서원·사우들과 마찬가지로 사산사도 훼철되었으며, 1872년에는 유허지에 유허비를 세웠고, 1936년 현재의 규모로 복설하였다. 이 복설을 전후하여 이종생의 동생 이종수(李從遂)와 이춘수의 조카인 이주(李稠)를 더해 업적을 기리고 있다.

이 사산사는 나산면 우치리 계동마을에 이유인을 추모한 모양사(牟陽祠), 초포리의 이순신·이유인·이명룡의 업적을 추앙한 초포사(草浦祠)와 함께 지역 사회 교육과 행의를 나타내는 기관으로 그 위치를 구축 하고 있다.

이인행선생이 교육과 민중교화에 앞장섰던 것도 선대로부터 이어받은 학문적 소양과 사산사가 주는 영향이 작용하였던 것이다.

이인행선생의 내재된 역량 중의 하나인 함평향교 간사 활동 역시 사산사의 향촌교화 활동과 그 맥을 같이 한 것이라 하겠다.

함평향교는 『신증동국여지승람』에 의하면 그 위치가 현청 내에서 서쪽으로 2리에 있었다. 남다르게 서북쪽에 사마재를 두고 인재양성과 학교 교육을 강조하였다.

그러나 정유재란 중이던 1597년 9월 왜적에 의해 소실되었다. 당시의 상황은 함평 유림 노경덕의 행장에서 비교적 소상히 밝혀져 있다. 그후 현감 박정청이 현청 동쪽 고산 아래 축조하기 시작하였으나 정묘호란으로 중단되었다. 1632년 현감 박일성이 대동면 향교리에 이건하였다.

이인행선생 부친인 이백여(李伯汝)는 대한제국에서 탁지부 세무주사를 지낸 경제 관료였다. 당시 함평향교에서 국채보상운동(國債報償運動)이 전개되자 앞장서서 민족의 장래를 염려하여 참여하였다.

함평향교 국채보상운동은 국권의 회복을 목표로 각성을 촉구하며 전개하였다. 민족의식을 바탕으로 국채보상을 대중적으로 전개할 함평지역 보상소가 설치되어 모금운동이 전개되었다.

국채보상운동에는 함평 각 계층의 사람들이 참가하였다. 군민 각계각층에서 호응하였고 이에 참여하였다. 농민들은 식량을 판돈을 국채보상금으로 냈다. 유림은 담배 값을 보상금으로 모금하였다. 부인들은 가락지·비녀·혼수패물·노리개·좀도리 쌀을 의연금으로 냈다.

국채보상운동이 활발히 전개되어 가던 1907년 일제는 조선에 '보안법'과 '신문지법'을 제정·공포하였다. 보안법의 공포로 국채보상운동의 핵심적 단체인 대한자강회가 강제 해산되고, 신문지법에 의한 언론탄압이 강화되면서 민족지의 언론활동이 위축되었다. 각계각층을 망라한 범국민적 민족운동이 끝내 좌절할 수밖에 없었다.

이인행선생의 함평향교 간사 활동은 당시 가장 큰 숙원사업이었던 『함평향교지』 편찬을 일구는데 있었다. 이는 지역사회 향촌활동에 앞장 선 이백여 부친의 유업을 이어받아 삼강오륜을 실천한 일 모습이다.

1934년 이인행선생은 함평향교에서 간사로 활동하고, 사산사에서 익힌 유림과의 연대를 바탕으로, 『함평향교지』 편찬에 기여하게 되었다.

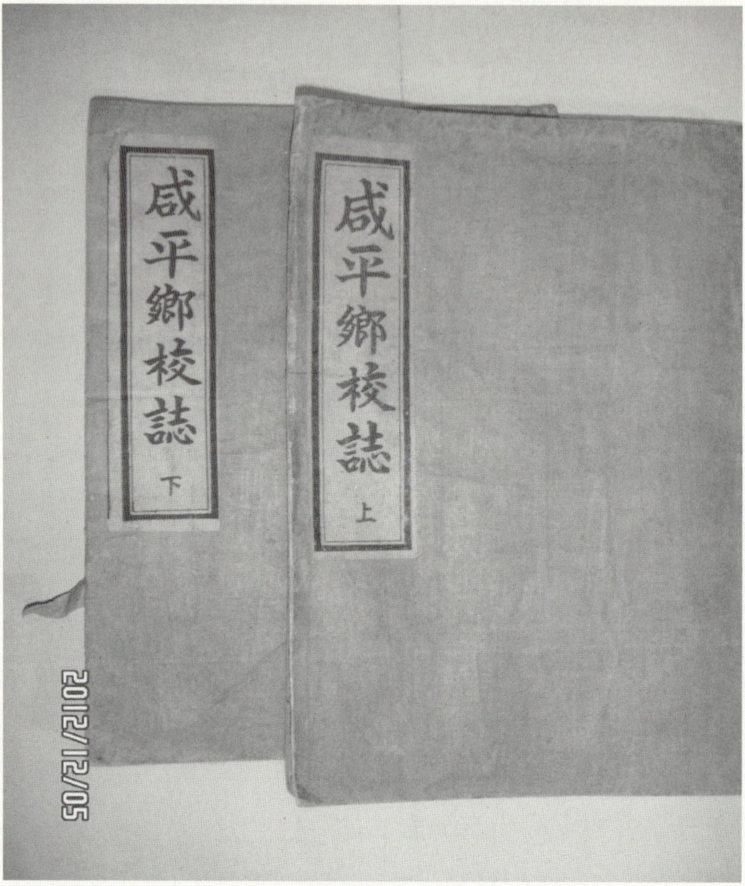

*전거: 『함평향교지(1934)』

이인행선생은 지역사회 발전을 위해 교육과 출판 사업에 높은 열의가 있었던 것이다.

1924년 1월 13일 이인행선생은 민립대학기성회 함평군부 평릉면지부를 결성하고 지부장에 선출 되자, 민족교육이 자주독립의 방법이라고 대중연설을 통해 주장하였다. 그러면서

*전거: 『경제운동 관계 잡지』, 독립기념관

민립대학설립운동을 전개하였다.

민립대학 설립운동은 1920년 6월 이상재(李商在)와 한규설(韓圭卨) 등 민족운동가(民族運動家) 100여명이 재단법인 조선교육회설립발기회(朝鮮教育會設立發起會)를 개최하고 민립대학설립을 결의하면서 구체화되었다.

1922년 11월 이상재(李商在) 이승훈(李昇薰) 윤치호(尹致昊) 등 48명의 각계 인사가 서울에서 회합하고 조선민립대학기성준비회(朝鮮民立大學期成推進準備會)를 결성하였다.

동회(同會)나 기성회 조직을 위하여 전국 각지에 위원을 파견하고 발기인 모집활동에 적극성을 띠었다.

1923년 3월 동 준비회가 조직 된지 4개월 만에 서울에서 발기인 1,170명 가운데 462명이 참석하여 개막케 되었다.

1923년 12월 함평에서 '민립대학설립기성회' 함평군부가 결성되었다. 이인행선생은 월남 이상재와 조선민립대학 발기에 관해 의견을 교환하였다. 일제의 제2차 교육령으로 대학설립이 가능해지자 실력 양성 운동의 일환으로 민립 대학 설립 운동이 진행되었다.

일제는 이를 방해하고자 1924년 경성제국대학(京城帝國大學)을 설립하고 민립대학에 관계한 인사를 탄압하였다.

이 운동은 교육 자주권을 회복하여 국권을 수호하자는 민족운동이다. 일본소학교 식민교육의 이면에 담긴 의도를 차단하고 국가적 인재를 양성하자는 목표를 가지고 있었다.

민립대학 설립운동의 재정적 기초는 유길준이 회장으로 있던 국채보상금처리회에서 각 도(道) 대표자회의를 통해 "의연금으로 장차 교육사업을 하자!"고 결의하면서 시작되었다. 이를 위해 그 동안 조성된 의연금이 민립대학 설립운동의 재정적 기초가 되었다.

함평 민립대학 설립운동은 중앙위원 이갑성 등이 내려와 함평군부가 결성되있다. 이갑성은 3·1운동 33인의 한사람으로 이인행선생과 교분이 깊었었다. 조선민립대학 발기회 함평군부 위원으로 이인행선생이 선출되었다. 집행위원장 이재혁(李載赫), 상무위원 모성환(牟星煥) 외 5인, 보관위원 이재승(李載昇) 외 1인, 감사위원 이길범(李吉範) 외 2인을 두고 집행위원으로는 이동범(李同範) 외 83인을 선임하였다.

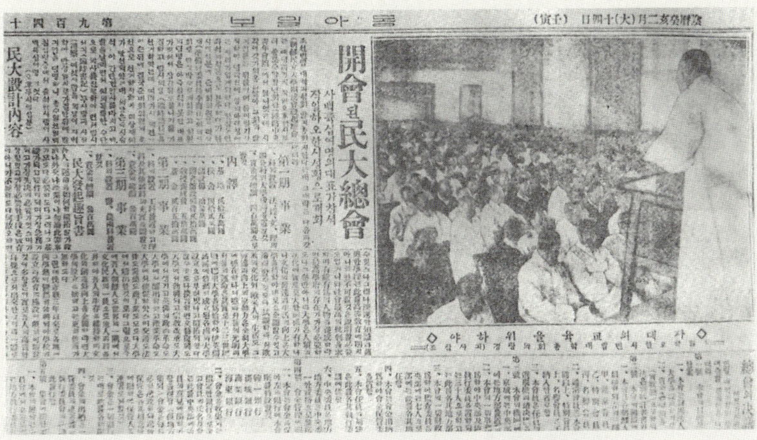
동아일보

開會된民大總會

民大設計內容

*전거: 『동아일보』, 재인용 민립대설립 이상재

각 면에 회원을 모집하여 지부를 두고 모금 활동을 하기 위하여 각 면에 상무집행원을 파견하여 선전하기도 하였다.

1924년 1월 13일 이인행선생은 민립대학기성회 함평군부 평릉면지부를 이끌면서, 군부(郡部) 상무위원에 최석기(崔錫基)와 정규철(丁奎喆)과 면대취지서(面大趣旨書)를 설명한 후 지부조직을 일치 가결하였다.

지부장 이인행선생은 지부 상무위원으로 상무위원장(常務委員長) 이재인(李載仁), 상무위원(常務委員)에 이성일(李性一)외 24명을 임명하였다.[70] 함평군 지방부 조직 민대함평군부(民大咸平郡部)[71]와, 민대함평지부(民大咸平支部)[72] 대강연회에는 함평청년회관을 가득 메우고도 남았다.

---

70) 『동아일보』, 民立大學期成會 咸平郡部 平陵面支部, 1924년 1월 20일.

71) 『동아일보』, 民大咸平郡部 盛況裏에 組織, 1924년 12월 15일.

72) 『동아일보』, 民大咸平支部組織, 1924년 12월 26일.

*전거: 『조선민립대학 기성회 창립총회 기념』, 독립기념관

이인행선생은 민립대학 설립추진이라는 명제를 통해 지역민을 규합하고 정신사적 이념과 정체성을 보다 굳건하게 부각시키며 지속적으로 민족운동을 이끌어 나가고자 고민하였던 것이었다. 다른 일면으로는 민립대학기성회 함평군부 평릉면지부 지부장으로 자주독립의 열망을 이루어내고자 문맹퇴치를 위한 실력 양성운동을 전개하였던 것이다. 위대한 민족은 위대한 교육자가 있어야 탄생한다. 그리고 위대한 민족은 열심히 배우고 가르쳐야 한다. 망국을 향해 국가가 어둠의 길을 갈 때에 많은 선각자들은 교육입국을 통해 해법을 모색하였다. 안중근도 그러한 결심으로 스스로가 불같이 공부했고 교육운동을 전개하였다.[73]

---

73) 안천, 『신흥무관학교』, 교육과학사, 1996, 25쪽.

이인행선생은 민족교육의 중요성을 역설하며 일제에 맞서 사립학교 설립을 추진하였다. 이인행선생은 나산 마을에 보통학교를 만들기로 하였다.

그러나 보통학교 설립은 난관에 부딪쳤다. 학교용지와 건물을 세울 충당 비용을 마련하는 것부터 해결하여야 했다.

이인행선생은 몇 번에 걸쳐 마을 회의를 열고 종문의 협조를 구해 나산소학교를 만들었다. 우여곡절을 겪기는 했지만 결국 나산면 안마을에 서원을 수리하여 학교 교육이 이루어지게 되었다.

일제가 나산보통학교를 만들면서 구 나산소학교는 문을 닫게 되었다.

1922년 일제는 제2차 조선교육령으로 일본어 교과를 확대하였다. 그런가하면 1938년 제3차 조선교육령을 발표하고 보통학교를 소학교로 변경하고, 종래 필수과목이었던 조선어 교과를 선택과목인 수의과목(隨意科目)으로 전락시켰다.

이인행선생의 학교 설립 취지는 "조선 사람은 조선어를 배우고 조선말을 하고 조선이름을 써야한다."고 주장한 데에서 기인한 것이라 하겠다.

1931년 만주를 침략, 1937년 중·일 전쟁, 1941년 태평양 전쟁을 일으키면서 식민지 조선에서 인적 물적 모든 자원을 전쟁 도구로 만드는 '민족 말살 정책'을 실시하였다.

'황국신민의 서'를 외워야 했고, 곳곳에 세워진 일본 신사에 참배하도록 하였다.

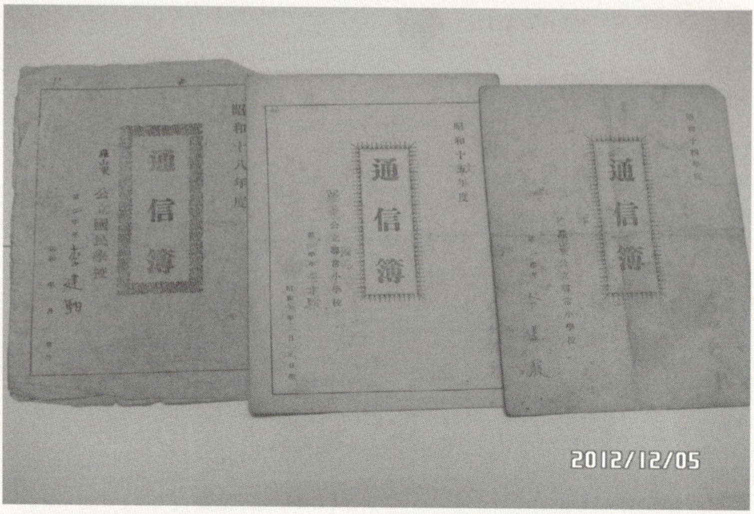

*전거: 『창씨하지 않았던 이인행선생의 장자 이건일 통신표』

1939년 11월 10일 제령(制令) 제19호로 조선민사령(朝鮮民事令)을 개정했다. 그 내용은 조선인 고유의 성명제를 폐지하고 일본식 씨명제(氏名制)를 설정하였다. 일제는 1940년 2월부터 동년 8월 10일까지에 '씨(氏)'를 결정해서 창씨 내용을 제출하도록 명령하였다.

이인행선생과 자녀들에게 창씨를 바꾸라는 지시가 내려졌다. 이인행선생은 또 한 번의 시련에 부딪쳤다. 이는 이인행선생이 학교에 다니는 자녀들의 창씨를 거부했기 때문이다.

일제는 이인행선생을 경찰과 관원을 동원해서 더욱 강한 협박과 강요로 일관하였다. 창씨를 하지 않는 경우 이인행선생의 자제는 학교에 다닐 수 없으며, 창씨하지 않는 이인행선생의 경우 대일본제국의 '비국민'이며 불령선인(不逞鮮人)으로 감시 대상이 되었다. 그리고 일제는 이인행선생을 "노무 징용의 우선대상자로 삼겠다."고 하였다.

창씨가 시작되면서 친일 분자는 적극적으로 협력하였다. 일제강압을 이기지 못한 조선인들은 자기의 관향(貫鄕)을 따서 한 글자 정도를 수정하였다. 식민지 조선을 한탄하면서 마지못해 창씨를 선택한 경우, 일제를 비웃고 초목(草木)·백수(白水)·견자(犬子) 등으로 바꾸었다.

이와 같은 창씨의 강압 속에서도 애국지사 이인행선생은 끝내 이를 거부하였다. 조선인으로 자녀들을 키우겠다는 일념이었다. 이인행선생 장남 '이건일'은 계속 조선어 이름을 사용하였다.

함평 평릉농조(平陵農組) 창립과 농민운동에 힘쓰다

함평 평릉농조(平陵農組) 창립과 농민운동에 힘쓰다

1926년 8월 21일 이인행선생은 평릉농조(平陵農組)를 창립준비하여 당시 평릉면 식지면 일원의 농업 노동력 문제를 해결하기 위한 기반을 만들었다.[74)]

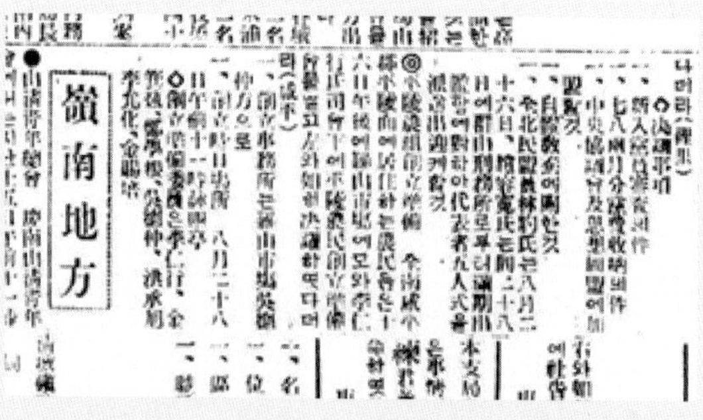
嶺南地方

◎平陵農組創立準備

*전거: 『동아일보』, 平陵農組 創立準備(咸平), 1926년 8월 21일

74) 『동아일보』, 平陵農組 創立準備(咸平), 1926년8월 21일.

이어서 1926년 9월 3일 이인행선생은 평릉농조(平陵農組)를 창립하여 당시 평릉면 식지면 일원의 노동 소작 문제를 해결하기 위하여 노력하였다.[75]

1923년 이인행선생은 출옥 이후 동지들과 각 지역을 순회하면서 청년운동·농민운동·노동운동·노동조합 설립을 추진하였다.

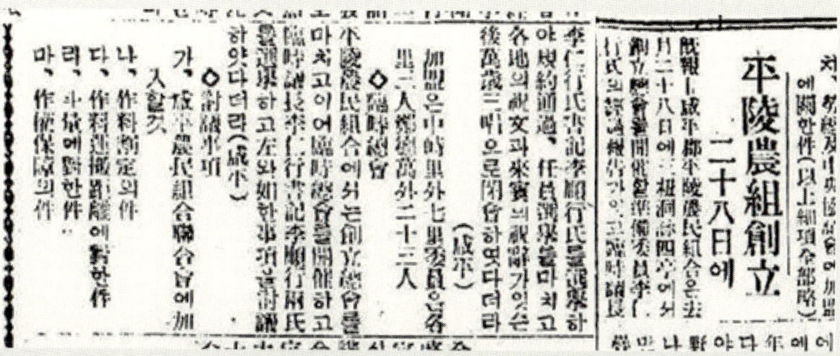

*전거: 『동아일보』, 咸平郡平陵農民組 創立 二十八日에, 1926년 9월 3일

함평지역은 호남가의 첫머리에 등장할 정도로 풍요로운 농토에서 풍부한 농수산물을 생산하였다. 이에 따른 노동의 현장도 그만큼 다양하게 전개되었다.

이인행선생의 연설은 일관되었다. "함평 군민들은 농업경영을 위해 하나로 뭉치고 단결하여야 합니다."라고 현실 타개를 위한 결사를 주장하였다.

75) 『동아일보』, 咸平郡平陵農民組 創立 二十八日에, 1926년 9월 3일.

이인행선생은 1923년 4월 30일 함평에서 노동친목회(勞働親睦會) 설립에 참여하였다.

당시 노동친목회는 회원이 무려 748명에 달하였다. 노동친목회 회장에 서상호(徐相鎬), 부회장은 임성조(林成祚)를 선출하고 총무·회계·서기의 부서를 두고 의결기관으로 평의원회를 두었다.

1923년 8월 노동친목회는 노동회관 건립기금 조성사업을 전개하였다. 이때 기각리에서 친일파의 방해선동에 노동친목회 농악대가 항의 하면서 경찰서 난입 사건으로 비화되었다.[76] 이로 인하여 노동친목회가 함평 경찰서를 포위하여 조사현을 비롯하여 16명이 검거되었고 이들은 소요·건조물 파괴·가택 침입·공무집행방해 등의 죄명으로 기소되어 징역 10개월부터 3년형이 선고되었다.

1924년 1월 4일『동아일보』'함평군 노동친목회원의 주재소포위사건' 기사에서도 "조사현(曹士鉉) 등 10여명이 광주지방법원 공판에서 최고 징역 2年, 최하 8개월을 언도받았다."고 기록하였다.[77]

이렇듯 함평노동친목회는 식민지 권력에 저항하며 노동운동을 전개하였다.

1924년 4월 18일 함평노동친목회는 정기총회를 열어 '혁신' 방안을 강구하여 회칙을 수정하고 회비를 월 50전으로

76)『독립신문』, 咸平事件 倭判決, 1924년 1월 19일.

77)『동아일보』, 全羅南道 咸平郡 勞動親睦會員의 駐在所包圍事件, 1924년 1월 4일.

결정하였다. 이때 위원장은 신현기, 수정위원 장정현・모순기이였다.[78)]

1924년 5월 이인행선생은 조선사회단체 중앙협의회에서 함평농민대회를 연속 개최하였다.

1924년 10월 13일에는 3차 정기총회에서 소작료는 2리에 한하여 운반하여주고 그 이상이 되면 운임을 요구할 것과 우경(牛耕)시에 도작(稻作) 1두락에서는 60전, 맥작(麥作) 1두락에서는 40전을 받고 일을 하도록 하였으며, 사람은 1일에 주식이 있으면 30전, 주식이 없으면 70전을 받도록 하였다.

함평에서 활발하게 노동운동에 참여한 인사는 신현기(申鉉麒)・조사현(曺士鉉)・이명준(李明俊)・서을남(徐乙南)・김폰바우・장석선(張石善)・서상국(徐相國)・이광(李洸)・최강윤(崔康潤)・이직현(李直鉉)・모영기(牟永基)・이갑원・김준부・장정현(張釘鉉)・김준택・모세기(牟世基)・이현・조만국(趙萬國)・이명준(李明準)・천인관(千仁官) 등이었다.[79)]

농민운동을 주도한 장정현과 이광은 일제 탄압에 의해 집행유예 3년을 선고받았다.[80)]

이때 이인행선생은 3년 기소유예 처분을 받았다.[81)]

1925년 3월 8일 200여명의 성원으로 정기총회를 개최하여 각 면 노농대회를 조직하고 회관건립기금을 확보하는 방침을 재차 천명하고 마침내 함평노농연맹회로 개칭하였다.[82)]

---

78) 『조선일보』 1924년 4월 22일(『함평군사』재인용).

79) 『조선일보』 1926년 5월 1일(『함평군사』재인용).

80) 『조선일보』 1925년 9월 15일(『함평군사』재인용).

81) 『이인행자필 독립업적』.

1925년 12월에는 노동연맹회를 농민·고용자·자유노동 3단체로 분립하기로 하였으며 교육을 위해 '야학'을 실시하기로 하였다.

1924년 10월에 나산 초포리에서는 3·1운동에서 활약한 이인행선생의 '노농공제회' 설립으로 평릉면 식지면 일원의 분쟁해결과 군민 단결에 크게 기여 하였다.[83)]

이인행선생이 설립한 노농공조회는 함평 대중운동을 비약적으로 발전시켰다. 각 운동단체들의 결성과 노동조건 개선을 위한 방향을 제시하였다. 군민들의 상부상조정신으로 소작문제 해결의 해법을 찾아냈다.

1925년 1월에는 신광면민 400여명이 면민대회를 열고 '신광농민대회'를 조직기도 하였다.[84)] 1926년 1월에는 '함평농우회(咸平農友會)'가 설립되었다.[85)]

1926년 4월 16일에 함평농민조합연합회를 결성하였다. 함평노동조합연합회는 "각면에 농민조합을 설치하고 각 리에는 농민단을 둔다. 회원은 「조선농민」이나 기타 농민관련 잡지를 읽고 회비는 춘추에 1원씩 지출한다."는 강령을 제시하였다.

함평노동조합연합회 상무집행위원은 장정현(張玎鉉,대표), 서도현(徐道鉉), 이동찬(李東贊)이며 집행위원은 김경로(金京老) 외 2인이 선임되었다.

---

82) 『동아일보』 1925년 3월 8일(『함평군사』재인용).
83) 『함평군사』, 함평군사추진위원회, 1999, 1086쪽.
84) 『조선일보』, 1925년 1월 18일(『함평군사』재인용).
85) 『시대일보』, 1926년 1월 26일(『함평군사』재인용).

각 면의 농민조합은 농민조합연합회가 구성된 이후 각 면별로 조직되었다.

1926년 6월 25일 제일 먼저 대동면농민조합이 결성되고, 학교면, 평릉면, 식지면, 해보면, 함평면의 순서로 발족되었다. 이 같은 농민조합 결성과 활동으로 여타의 농민단체도 점차 농민조합으로 개조하였다. 함평농민조합 결의문에는 악덕지주에 대한 대응책이 강구되었다.[86)]

1928년 9월 18일 해월농민진흥회는 해보면 문장리에서 300여명이 모인 정기총회에서 진흥회를 해체하였다. 특히 무리한 소작세를 철폐하고 중간 소작을 방지할 것을 결의하였다.[87)]

함평군 학교면 엄다면 동척의 소작인들은 6할 3푼에 이르는 소작료를 징수하려 하자 이에 불납동맹을 맺고 대항하였다.[88)]

함평에서는 더욱 많은 노동운동과 소작쟁의가 발생하였다.

함평읍 신곡제사공장 직공 30명은 감독인이 여직공을 구타한 것에 분개하여 동맹파업을 단행하였다.[89)]

1932년부터 학교·엄다면의 가마니 생산자는 군 당국의 지정 매입에 반대하여 그 시정을 요구하였다.[90)]

---

86) 『조선일보』 1926년 9월 10, 13일(『함평군사』재인용).
87) 『동아일보』 1928년 9월 17일(『함평군사』재인용).
88) 『중외일보』 1931년 11월 27일(『함평군사』재인용).
89) 『동아일보』 1931년 10월 20일(『함평군사』재인용).
90) 『동아일보』 1933년 3월 7일(함평군사』재인용).

이처럼 함평농민운동의 성장은 이인행선생의 적극적인 계몽운동과 노동자 권익을 지키고자 하였던 선전 고무 활동이 있었기 때문이다.

이를 지켜본 일제는 이인행선생을 또 다시 구속 체포할 구실을 찾아냈었다. 이인행선생의 행보가 임시정부선전과 대중을 선동하기 때문이었다.

일제 강점기 함평 일대에서 노동운동으로 검거된 인사들은 목포재판소에서 재판 후 목포형무소에 수감되었다.

이후 이인행선생은 일제 경찰의 감시와 수시로 가택수색을 당하였다. 그리고 독립운동을 계속할 경우 가족들을 구속하겠다고 협박하였다.

더 이상 농민운동과 가정부 선전 고무 활동을 할 수 없도록 압력을 가하였다.

萬歲六0年

다시돌아온 己未年…내고장「만세現場」

<24>

羅山공원에 서린 義勇 咸平

피로물들인 장터의「農民義擧」

*전거: 『전남일보』, 재인용 이인행선생의 활동내용을 담고 있다

신간회 함평지부 상무집행 위원으로 우뚝 서다

신간회 함평지부 상무집행위원으로 우뚝 서다

1927년 2월 15일 신간회가 결성되었다. 함평군민의 민족운동 역량이 한층 커지고 각계각층으로 확산되었다. 초대 회장에는 이화범(李和範)·부회장은 서상기(徐相基)가 맡았다.

간사는 이인행(李仁行)·송기호(宋琦浩)·나인석(羅仁石)·김두현(金斗鉉)·정규철(丁奎喆)·모순기(牟順基)·김상준(金相俊)·이현(李鉉)·한창호(韓昌鎬)·이성우(李成祐)·이문겸(李文兼)·김상렬(金相烈)·이철(李哲)·이명준(李明俊)·조사현(曺士鉉)이며, 상무집행위원에 이인행이 선임되었다.[91]

이인행선생은 조사현·모순기·김재문 등과 신간회 함평군나산 지회를 결성하고 나산 분회장을 맡았다.[92]

91) 함평군, 『함평군사』, 함평군사편찬위원회, 1999, 1134쪽.
92) 함평군, 『함평군사』, 함평군사편찬위원회, 1984, 492쪽.

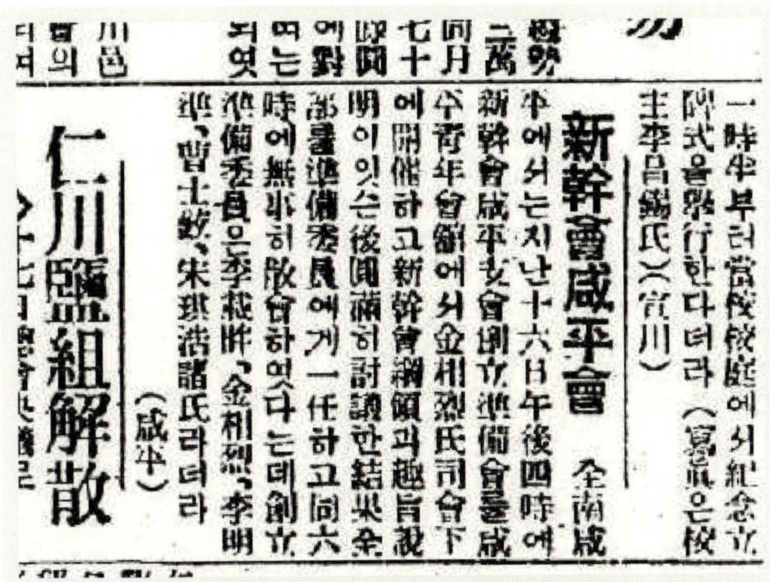
新幹會咸平會

全南咸平에서는지난十六日午後四時에新幹會咸平支會創立準備會를咸平靑年會館에서金相烈氏司會下에開催하고新幹會綱領과趣旨說明이잇슨後圓滿히討議한結果全部를準備委員에게一任하고同六時에無事히散會하엿다는데創立準備委員은李栽旿、金相烈、李明準、曹士鉉、宋琪浩諸氏라더라(咸平)

仁川鹽組解散

*전거: 『동아일보』, 新幹會咸平支會준비위원, 1927년 4월 20일

신간회지회 창립준비회 위원은 이재오·김상렬·이명준·조사현·송기호가 맡았다.[93] 1927년 5월 28일 함평 신간회지회 설립총회를 청년회관에서 개최하기로 하였다.[94] 함평청년회에서는 '신간회 촉성을 결의'하였고 청년연합회에서는 '좌익민족주의 대표기관인 신간회의 진로를 적극적으로 후원할 것'을 결의했다.[95] 이러한 지지와 성원에 의하여 1927년 5월 28일 오후 1시 함평청년회관에서 신간회 함평지회가 결성되었다.[96]

93) 『동아일보』, 新幹會咸平支會, 1927년 4월 20일.

94) 『동아일보』, 新幹會咸平支會, 1927년 5월 28일.

95) 『조선일보』, 1927년 3월 16일·4월 2일(『함평군사』재인용).

96) 『동아일보』, 新幹會支會創立(咸平), 1927년 5월 30일.

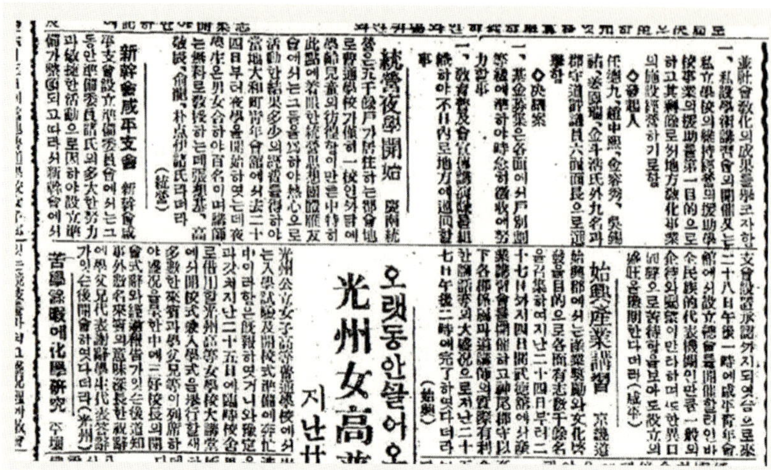

*전거: 『동아일보』, 新幹會咸平支會, 1927년 5월 28일

국내에서도 많은 단체들이 나타나 항일 운동을 벌였다. 그들 가운데 가장 대표적인 예가 1927년에 발족한 신간회이다.

이 조직은 좌우파의 협력에 따른, 국내에서 하나뿐인 항일 통일전선이었다. 이러한 항일 단체들의 활동이 밑거름이 되어 1926년 6월 10일에 전국적인 만세 운동이 일어나고, 1929년에는 광주에서 학생운동이 일어나기도 했다.

그러나 좌파가 해체를 들고 나옴으로써 신간회는 오래 가지 못하고 해체되고 말았다. 전남 함평에 신간회지회 창립총회가 개최되어 회장은 이화범, 부회장은 서상기가 선출되었다.97)

1920년대는 민족주의와 사회주의가 분립하면서 발전하였

97) 『동아일보』, 新幹會支會創立(咸平), 1927년 5월 30일.

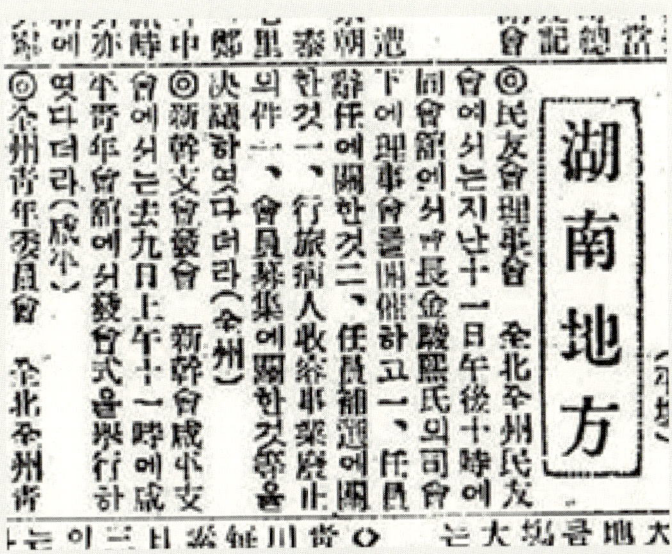

湖南地方

◎民友會理事會 全北全州民友會에서는지난十一日午後十時에同會館에서會長金殷熙氏의司會下에理事會를開催하고一、任員辭任에關한것二、任員補選에關한것一、行旅病人收容事業廢止의件一、會員募集에關한것等을決議하엿다더라(全州)

◎新幹支會發會 新幹會咸平支會에서는去九日上午十一時에成平青年會館에서發會式을擧行하엿다더라(咸平)

◎全州青年委員會 全北全州青

*전거: 『동아일보』, 新幹會支會創立(咸平), 1927년 5월 30일

지만, 한편에서는 민족독립을 전제하지 않고서는 그들의 목표가 달성되지 않는다는 문제의식을 공유하고 있었다. 또한 통일적 민족운동 지도 기관이 필요하다고 하는 자성과 민족유일당 운동의 당위성이 제기되었다.

일제를 공동의 타도 대상으로 하는 통일 연합 전선의 형성이 요구되었던 것이다. 1925년 8월 8일 함평에서는 수재구재회가 조직되었다.[98] 수재로 피해가 발생할 경우 수제구제회로 성원과 지원을 함께 보냈었다.

98) 『시대일보』, 수재구제회 함평서 조직, 1925년 8월 8일.

水災救濟會 咸平서組織

【咸平】全南咸平에있는咸平青年會、咸平勞農大會、咸平思想同盟、東亞、朝鮮、時代日報各咸平支局代表者기지난五日午後咸平青年會館에모혀서朝鮮内地의水害罹災者를救濟할一端으로朝鮮水災救濟會를組織하기로決議하야即席에서創立總會를열고會則을制定한後執行委員으로李成[illegible]、李鉉、李[illegible]、李洸、[illegible]、申[illegible]、張[illegible]諸氏를選擧하얏다한다

水災救濟音樂

來八日晩石洞禮拜堂에서

*전거: 『시대일보』, 수재구제회 함평서 조직, 1925년 8월 8일

1926년 11월 15일 정우회선언이 이어지면서 종래의 경제투쟁 형태로부터 정치투쟁 형태로의 전환, 타락하지 않은 결실이 바로 신간회이다. 함평 신간회가 결성되고 군민 단결과 민족세력과 적극적인 제휴로 지회설립이 추진되었다.99)

이와 같이 지회설립과 함께 구체적인 지역민 참여를 유도하였다. 나아가 민족의 독립을 위해 단결해야 하며 계급적 처지에서 분출하는 일상적 경제적 요구를 정치적 민족적 견지에서 해결하겠다는 방침을 천명하였다.

그러나 민족의 단결과 협동이라고 하여도 일제와의 기회주의적 경향은 배제하는 것을 원칙으로 하고 있었다. 그리고

---

99) 『동아일보』, 新幹會支會創立(咸平), 1927년 6월 8일.

일정한 이념에 치우친 이념주의나 폐쇄주의 경향을 배격하였다.

1927년 4월 16일 함평에 신간회 지회 창립준비회가 구성되었다. 신간회 지회 창립준비회 위원은 이재오(李載旿) · 김상렬(金相烈) · 이명준(李明準) · 조사현 · 송기호(宋琪浩)가 선임되었다.[100] 이인행선생은 조사현 · 모순기 · 김재문 등과 신간회 확장을 위해 나산 지역 분회를 설립하여 회장을 맡았다.

신간회는 경성에 본부를 두고, 각 지방에 군단위로 지회를 두어 창립 열 달만인 1927년 12월 27일에 100개의 지회결성 기념식을 가질 정도로 조직이 확대되었다. 함평 신간회 지회결성을 위한 발회식이 청년회관에서 거행되었다.[101]

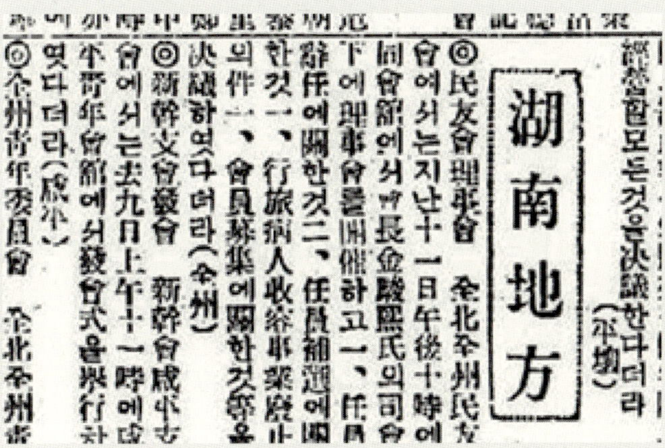

모든것을決議한다더라(平壤)

湖南地方

◎民友會理事會 全北全州民友會에서는지난十一日午後十時에同會館에서會長金麟熙氏의司會下에理事會를開催하고一、任員辭任에關한것二、任員補選에關한것一、行旅病人收容事業廢止의件一、會員募集에關한것等을決議하엿다더라(全州)

◎新幹支會發會 新幹會咸平支會에서는去九日上午十一時에咸平靑年會館에서發會式을擧行하엿다더라(咸平)

◎全州靑年委員會 全北全州靑

*전거: 『동아일보』, 新幹支會發會(咸平), 1927년 6월 15일

---

100) 『동아일보』, 全南 咸平에 新幹會支會 創立準備會, 1927년 4월 20일.

101) 『동아일보』, 新幹支會發會(咸平), 1927년 6월 15일.

민족주의 계열에서는 타협적 자치주의를 내건 세력은 배제되었으며 사회주의 계열에서도 사회주의 혁명을 먼저 내세우는 경향성을 가지고 있는 계급지상주의 세력은 이에 가담하지 않았다. 전자가 앞에서 본 연정회 이었으며 후자는 사회주의 세력 중 정우회(正友會)에 대립하는 전진회측 이었다.

전진회는 "조선에서 자본주의가 발전하지 못하였지만 무산계급과 자본계급의 분립은 필연적이다. 따라서 무산계급의 단일정당이 필요하며 그것이 실현되지 않을 경우 준비기관을 만들어 민족단일당과 협동 혹은 대립할 필요가 있다."라고 주장하였다.

이에 따라 1928년 봄 신간회 본부는 당면 운동 과제를 제시하였다. "첫째, 농민 교양에 적극 노력한다. 둘째, 경작권을 확보하고 외래 이민을 방지한다. 셋째, 조선인 본위의 교양을 확보한다. 넷째, 언론·집회·결사·출판의 자유 확보를 위한 운동을 전개한다. 다섯째, 협동조합운동을 지지하며 지도한다. 여섯째, 염색옷의 착용·단발의 장려로 백의 및 망건을 폐지한다." 이었다.

이 같은 6개항은 표현상으로는 온건하지만 실천에 있어서는 지역 단결과 내실 있는 목적 활동을 주동하였다. 함평 신간회 지회는 민립대 기성회 운영과 만주동포에 관련한 사회문제 등을 안건으로 다루었다.102)

---

102) 『동아일보』, 咸平新幹支會大會, 1927년 12월 30일.

*전거: 『월남 이상재 장례식과 신간회인사』, 독립기념관

전남의 경우는 1927년 말까지 13개군, 1929년 1월에는 17개군에서 지회가 결성되었다. 지방지회의 설립은 먼저 지회 설립준비위원회(혹은 발기위원회)가 구성되고 30명 이상의 회원이 있으면 본부에 지회 설립 신청을 하고 승인이 되면 설립대회의 날짜를 정하여 경찰에 집회 허가를 받아 창립대회를 개최하여야만 하였다.

대체로 준비위원회는 뜻있는 개인회원에 의하여 구성될 수도 있었지만 지방의 각종 단체의 지지나 후원에 의하여 구성되는 경우도 많았다.

함평 신간회 지회는 의총 내부의 의견을 조율하여 12월 22일로 연속회의 일을 정하고 참여인원 확대하였다.[103]

---

103) 『동아일보』, 咸平 新幹幹事會, 1928년 12월 21일.

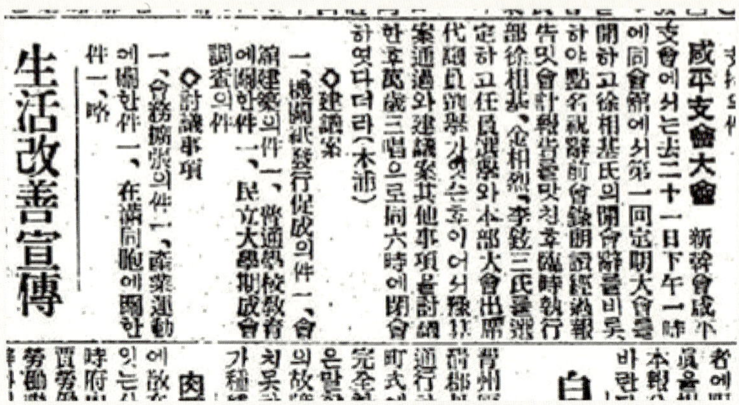
咸平支會大會

新幹會咸平支會에서는去二十一日下午一時에同會館에서第一回定期大會를開하고徐相基氏의開會辭를비롯하야點名祝辭前會錄朗讀經過報告및會計報告를맛치고臨時執行部徐相基,金相烈,李鉉三氏를選定하고任員選擧와本部大會出席代議員選擧가잇슨후이어서豫算案通過와建議案其他事項을討議한後萬歲三唱으로同六時에閉會하엿다더라(木浦)

◇建議案

一,機關紙發行促成의件 一,會館建築의件 一,普通學校敎育에關한件 一,民立大學期成會調査의件

◇討議事項

一,會務擴張의件 一,產業運動에關한件 一,在滿同胞에關한件 一,略

生活改善宣傳

*전거: 『동아일보』, 咸平新幹支會大會, 1927년 12월 30일

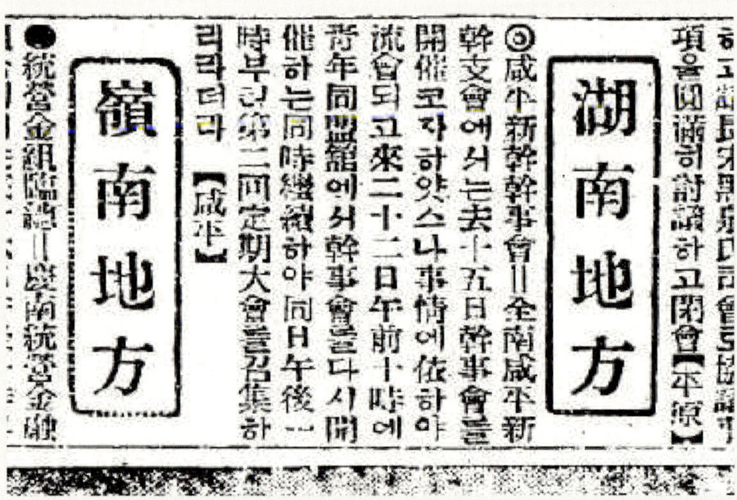
湖南地方

◎咸平新幹幹事會=全南咸平新幹支會에서는去十五日幹事會를開催코자하얏스나事情에依하야流會되고來二十二日午前十時에靑年同盟館에서幹事會를다시開催하는同時繼續하야同日午後一時부터第二回定期大會를召集하리라더라【咸平】

嶺南地方

*전거: 『동아일보』, 咸平 新幹幹事會, 1928년 12월 21일

함평신간회는 군민의 민족운동 역량이 한층 커지면서 각계각층으로 확산되었다.

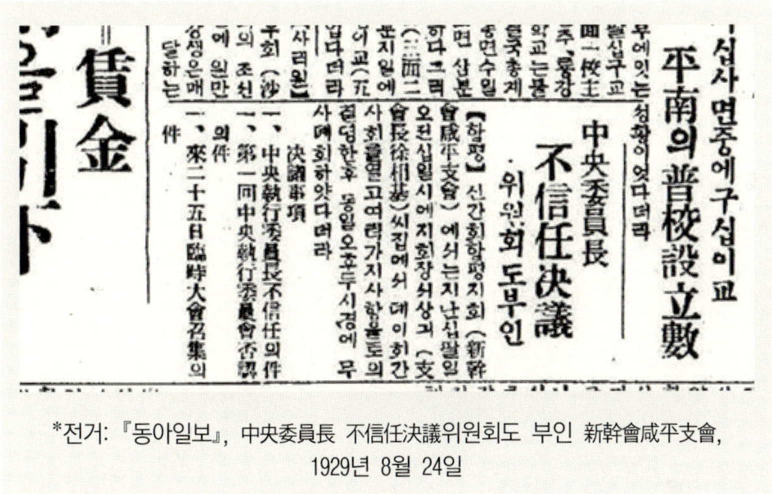

平南의普校設立數
十四面중에구십이교

中央委員長
不信任決議
·위원회도부인

【함평】 신간회함평지회(新幹會咸平支會)에서는지난십팔일오전십일시에지회장서상기(支會長徐相琪)씨집에서 데이회간사회를열고여러가지사항을토의결뎡한후 동일오후두시경에 무사폐회하얏다더라
決議事項
一、中央執行委員長不信任의件
一、第一回中央執行委員會否認의件
一、來二十五日臨時大會召集의件

*전거: 『동아일보』, 中央委員長 不信任決議위원회도 부인 新幹會咸平支會, 1929년 8월 24일

1927년 신간회중앙본부가 창립된 후 함평에서는 함평청년회와 함평청년연합회 등이 신간회를 지지하였다. 함평 신간회 지회가 확대되면서 여성회원들도 참여하게 되었다.[104)]

1930년 3월 11일 영광 함평경찰서의 주목을 받게 된 신간회간부들이 구속되기 시작하였다. 신간회위원 이열·황창규·신현태·서재준이 검거되고 김제광이 가택수색을 당하였다.[105)]

함평지회는 간사회를 통하여 운영되었는데, 당시 간사회에는 일반인의 방청 참가가 허용될 정도로 개방적이었다.[106)]

---

104) 『동아일보』, 中央委員長 不信任決議 위원회도 부인 新幹會咸平支會, 1929년 8월 24일.

105) 『동아일보』, 咸平署活動 五青年 檢擧 신간회위원 가택도 수색 去一日의 檄文事件, 1930년 3월 11일.

106) 『동아일보』, 1928년 12월 14일·21일(『함평군사』재인용).

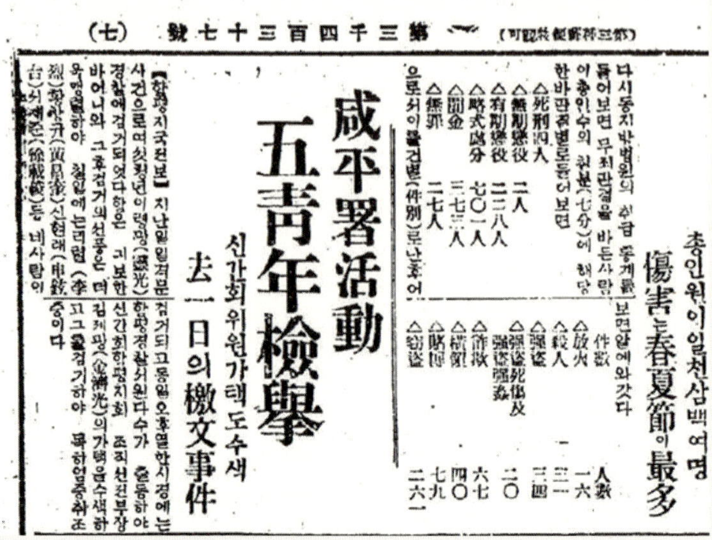
(七) 第三千四百三十七號

咸平署活動 五青年檢擧

신간회위원가택도수색

去一日의 檄文事件

傷害는 春夏節이 最多

총인원이 일천삼백여명

*전거: 『동아일보』, 咸平署活動 五青年 檢擧 신간회위원 가택도 수색 去一日의 檄文事件, 1930년 3월 11일

이인행선생의 신간회 상무위원과 나산분회장의 활동은 함평군민의 결사 집회, 자유를 위한 사상적 활동으로, 일제 경찰의 주목이 집중되기에 충분하였다.

그 결과 이인행선생은 수시로 일제경찰의 출석요구와 가택 압수 수색이라는 상황에서 어렵게 독립운동을 전개하여야 했었다.

이인행선생은 월남 이상재선생과 교분이 두터웠으며, 함평 신간회 신간회 발전과 회원단결을 위해 간사 역할과 헌신적 봉사로 일관하였다.

이러한 이인행선생의 함평 신간회 간사 활동을 높게 평가한 이갑수 중앙회 위원은 중요 안건에 대해 긴밀하게 협력하였다.

이인행선생은 신민회의 확장을 위해 면단위 분회를 구성을 위해 지역 순회강연을 줄기차게 시도하였다. 이인행선생의 활발한 선전활동으로 신간회 분회가 급속하게 증가하자 일제는 여러 가지 이유를 핑계로 탄압하기 시작하였다.

조선민족의 씨앗으로 애국애민 정신을 남기다

조선민족의 씨앗으로 애국애민 정신을 남기다

이인행선생은 일제강점기 일본침략자들로부터 해방된 조국과 봉건사회의 모순을 청산하고 진실로 가치 있는 민주자유공화국을 건설하는 것이었다.107)

이인행선생의 일제 강점기를 삶의 자취를 더듬어 보면, 오직 조선의 독립과 일제 타도를 위해 몸 바친 시간이었다. 이인행선생은 독립 쟁취를 위해 민족 단결과 정파 간 연합을 호소하며 선전 고무 활동을 전개하였다.

이인행선생의 일생은 조국과 민족 사랑으로 일관되었다. 농민운동과 강습회를 통해 지역 간 갈등의 격차를 좁히고자 곳곳을 누볐다. 노동현장에는 어느 곳이든 조금도 주저하지 않고 찾아나서 중재와 대의적인 명분을 제시하였다. 이러한 방식으로 함평 관내를 방문하며 일제의 눈에 요시찰 인물로

---

107) 『함평신문』, 이인행선생 행적 및 생가를 찾아서, 2004년 4월 30일.

지목되어 검속과 체포 구금으로 많은 시간을 옥고로 보내기도 하였다.

이인행선생은 농촌 부흥과 농민 결사운동에 앞장섰다. 소작 쟁이와 노동의 불균형을 해소하였다.

그러나 이인행선생의 긍극적인 대중 활동의 실체는 독립투쟁에 있었던 것이다. 공장과 농촌으로 조직을 확대하며 대중화를 통해 강력한 지역사회 건설을 지향하였던 것이다.

이인행선생은 해방된 조국에서 맨 먼저 패주하는 일제와 부일협력자를 바라보게 되었다. 이제 그들을 반역의 죄목으로 처단하고도 남음이 있었다. 그러나 식민지 종식과 조국해방으로 모두를 용서하였다.

이인행선생은 1948년 한성정부 국민회의 대표회에서 교감을 나누었던 이승만으로 부터 전갈이 왔다. 함평군수를 맡아달라는 권유를 받았다. 그러나 이인행선생은 정치참여를 거부하고, 삼역(三亦)의 삶을 지향하였다.

이인행선생은 식민시대를 극복하고 해방조국에서 소망이 있었다. 그것은 5천만 민족의 상생이었다. 그리고 가족을 돌아볼 수 있는 시간을 갖길 기대하였다.

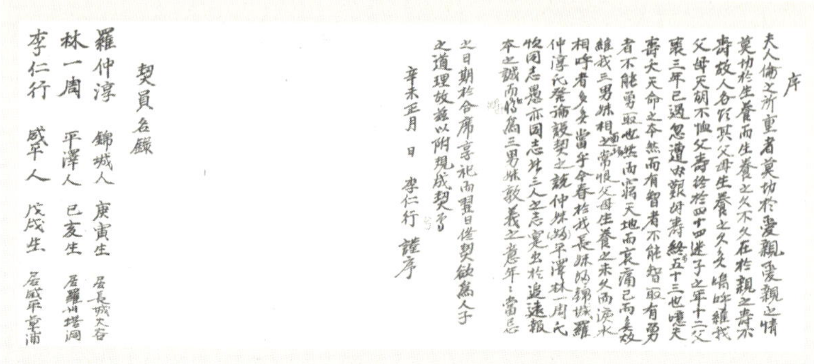

序

夫人倫之所重者莫切於愛親愛親之情莫切於生養而生養之久不久在於親之壽不壽故人各於其父母生養之久矣嗚呼維我父母天胡不恤父壽終於四十四迷子之年十二父喪三年已過忽遭母艱母壽終五十三世噫是壽夭天命之本然而有智者不能智取有勇者不能勇取也然而窮天地而哀痛已而矣故維我三男妹相逢之常恨父母生養之未久而淚水相呼者多矣當乎今春於我長妹婿錦城羅仲淳氏發論親契之說仲妹婿平澤林一周氏收同志愚亦同志於三人之志寔出於追遠報本之誠而將爲三男妹敦義之意年年當忌之日期於合席享祀而翌日僧契欲爲人子之道理故並以附規成契焉

辛未正月 日 李仁行 謹序

契員名錄

羅仲淳 錦城人 庚寅生 居長城大谷

林一周 平澤人 己亥生 居羅州塔洞

李仁行 咸平人 戊戌生 居咸平章浦

*전거: 『이인행선생 자필 자매계서』

대저 인륜의 소중한 것이고 애친과 애친의 정을 끊지 말 것입니다. 부모의 기른 정의 그윽함을 잊지 않음으로 부모의 키우고 기른 정은 오래도록 남아 있을 것입니다. 부모님은 수명이 영구하지 아니한 까닭에 오래 살지 않을 것입니다. 사람은 제각기 그 부모 사랑과 인륜의 정을 오래도록 간직하고 싶어 함이다. 오호라! 슬프다! 내 어찌하여 하늘이 오직 부친의 수명을 44세로 한정했단 말인가? 12살의 어린 나이에 부친상을 만나 홀연히 3년 상을 치렀다. 또 다시 모친상을 만나 어머니 수명 종신이 53세란 말인가! 아! 천수란 젊어서 죽음을 맞이하여도 천명이므로 그 모든 것이 하늘의 이치이며 본연의 이치이리라. 아무리 지식이 있는 사람이라 해도 지혜로 수명을 다스릴 수는 없는 것입니다. 용기가 있는 자도 용기로 취할 수는 없습니다. 연이은 천지에 어려움을 겪으니 비통할 뿐입니다. 그리므로 오직 우리 3남매가 상면의 장소에서 항상 만나 부모의 정을 잊지 말고 회자하고 눈물을 흘리며 그리워할 수도 있습니다. 금년 봄에 나의 장부 평택인 임일주씨가 같이 모이고자 의사를 비추었습니다. 이 뜻이 나와 같고 바라고 원하여 서로의 마음이 3남매의 뜻입니다. 진실로 추모하고 원하는 마음을 본으로 정성스런 마음을 출연하는 것입니다. 장차 3남매 역시 후대에 이르기까지 돈독하고 덕성스러운 마음으로 사람이 행하는 예의를 따라야할 터입니다. 해마다 마땅히 약속날을 정하여 그날 자리에 모여 마음을 더하고, 다음날에 계를 행하기로 하였습니다. 이는 사람으로서 행할 인륜이며 자식된 도리입니다. 그러므로 이에 규정을 정하여 붙이고 세세도록 형재 자매의 정을 나누는 계를 만들었습니다. 계원이름 나중순 금성인 장성 대곡 거주, 임일주 평택인 남주 탑동 거주, 이인행 함평인 함평 초포 거주, 1931년(신미) 1월 일 이인행 쓰다.

이인행선생이 독립운동 기간 중 고통을 함께하였던 가족과 친지 자매들에게 우애를 근본으로 화목하길 소망하였다.

손수 자매 계를 만들어 애틋한 마음으로 화답하였다. 이인행선생은 일찍 부모를 여의고 마음에 고통이 컸던 연유로 "인륜의 가치는 미덕에 있다." 고 하였다.

이인행선생은 자매간에 우애를 통해 세세토록 인륜의 정을 나누며 형제의 정을 돈독하게 이어가기를 기대하였다.

이인행선생은 독립투쟁 기간 중 도움을 준 친지와 지인에게도 관심을 저버리지 않았다. 이인행선생의 문안 간찰에서도 자상한 모습이 가득하였다.

문안편지

전에 편지 받고 답장 못했는데 거듭 편지가 이르니 진심으로 감사합니다. 삼가 다시 묻자온대 몹시 추운 날씨에 형제들 건강이 줄곧 두루 좋다고 하니 실로 제가 평소에 빌던 바에 들어맞습니다. 저는 변함없이 그대로 입니다마는 다만 말씀하신 내용을 듣고 또 편지를 보고 생각하다가, 이튿날 외치마을로 가 먼저 봉택이 집을 들러 보았습니다. 출타하고 집에 없었습니다. 지난번에 그 집을 찾아갔는데 주인이 광주로 나가고 없었습니다. 그 동생에게 혼인에 관련된 말을 물었는데, 당사자의 뜻이 마음에 맞지 않는다고 합디다. 혼인을 지연시키는 속마음인 것 같습니다. 서로 통혼하는데 마음구석에 걸리는 것이 있는 것입니다. 그런즉 이런 사정을 헤아려서 혼인을 달리 생각하는 것이 좋을 것 같습니다. 나머지 마음은 몸이 늙고 눈이 어두워서 답장의 예를 다 갖추지 못하였습니다.[108]

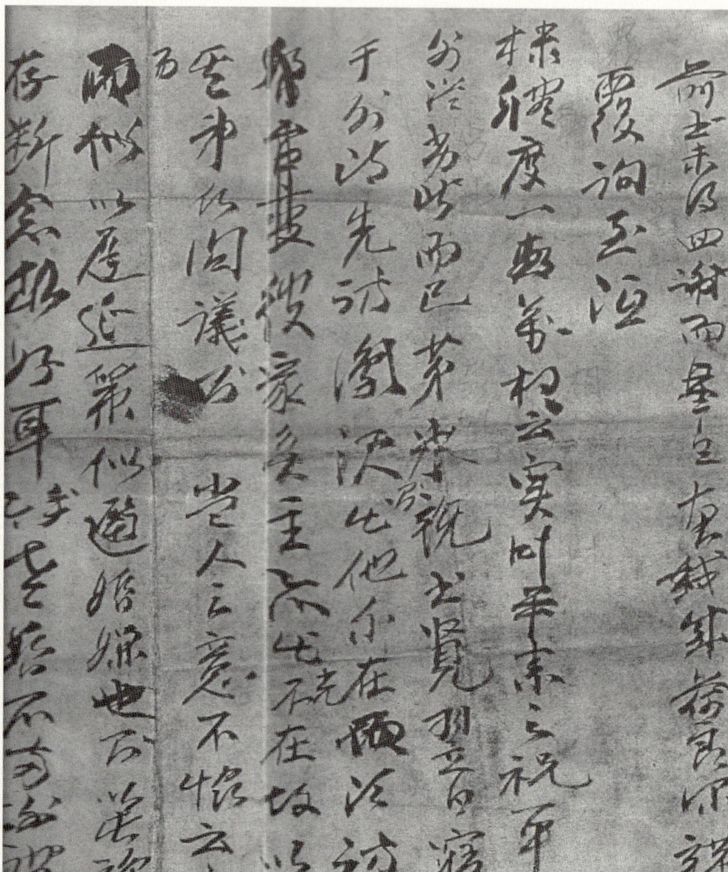

*전거: 『이인행선생 문안 편지』

108) 前書 未得回謝 而重至惠緘 感荷良深 謹 覆詢 至沍 棣體度 一直萬相云 實叶平素之祝耳 外從 劣狀而已 第承說書覽 翌日 窮 于外峙 先訪鳳澤 則出他不在 而頃訪 彼家矣 主亦 出光不在故 以 其弟氏問議則 當人之意 不協云云 而以遲延策 似通婚嫌也則 以此諒 存 斷念斯好耳 餘老婚 不備謝禮.

이인행선생은 몸이 늙고 눈이 어두워서 답장의 예를 갖추지 못함을 아쉬워하고 있다.

이인행선생은 “사람의 올바른 근기는 검소한 예절을 지키고 따르는데 있다.”고 하였다. 이인행선생은 죽어서도 영원한 조선인 선비를 희망하였다.

일본의 회유와 협박에도 굴하지 않았다. 조선독립을 위해 목숨을 바친 삶을 지향하였던 것이다

이인행선생은 가족과 친지들에게 임종 시 장례는 검소하게 치르도록 당부하며 구체적인 방법도 제시하였다.

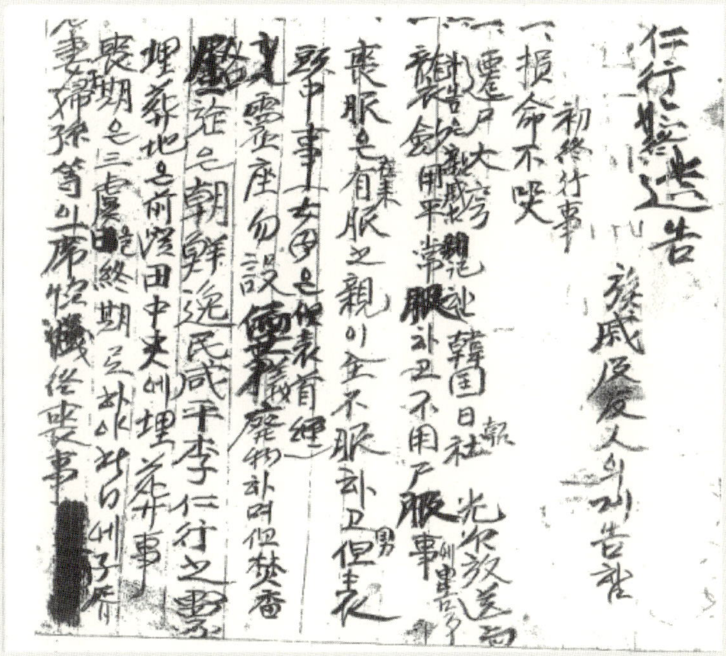

*전거: 『이인행선생 자필 임종시 가족과 친구에게 당부 글』

장례는 처음과 끝까지 간소화하게 하여야 한다.

하나. 생명을 상하는 곡은 하지 아니한다.

하나. 큰 방으로 육신은 옮긴다.

하나. 부고는 친척 및 한국일보사, 광주방송국에 전한다.

하나. 육신을 씻겨 옷을 입히고 염은 평상시에 입는 옷을 사용하고 주검 때 쓰는 복장은 쓰지 아니한다.

하나. 상복은 일가에 한하고 전부 입지 말고 남자는 다만 머리에 표시하고, 여자는 머리에 두르는 둥근 테에만 표시한다.

하나. 혼백의 자리에 의례는 폐물로 치장하지 말고 다만 예를 갖춘다.

하나. 명정은 '조선일민함평이인행지영'으로 한다.

하나. 동산 밭 중앙에 매장한다.

하나. 지나간 일이 생각나면 세 번째 제사 날에, 감사한 아내, 아들과 사위, 며느리와 손자 등이 한 자리에 협의하여 어버이의 삼년상 섬김을 마치도록 하라.

이인행선생 삶의 좌표는 사나 죽으나 변함없는 조선을 사랑하는 조선일민(朝鮮逸民)이기를 갈망하였다. 이인행선생은 혼미한 정신을 바로 잡고 임종유필을 써 내려갔다.

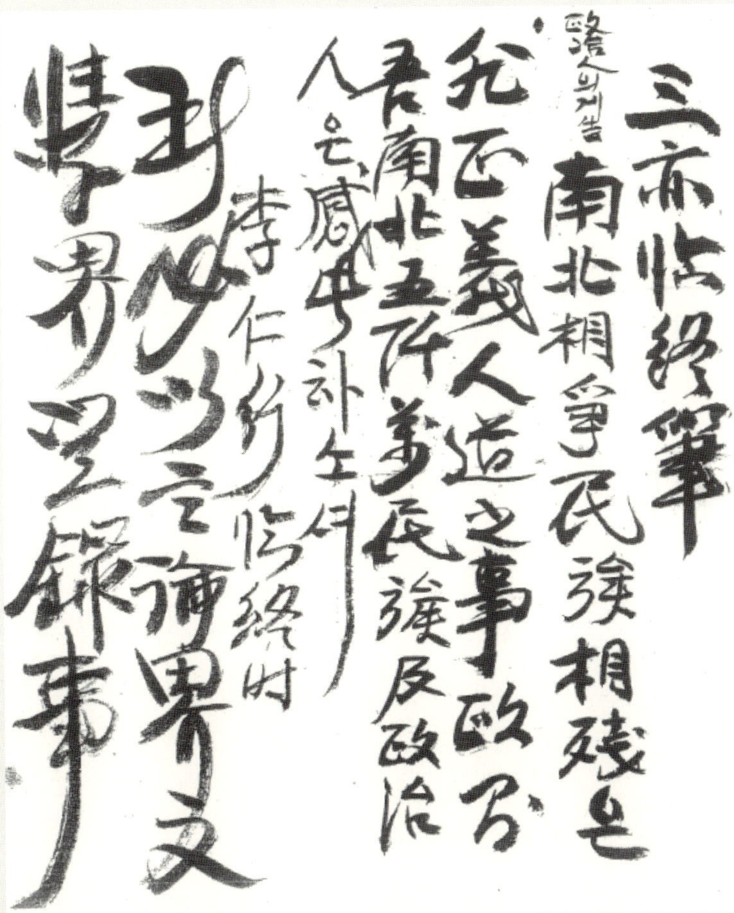
三亦臨終筆
路人의게告 南北相爭民族相殘은
非正義人道之事政治
者南北互作善良政治
人은感中하소서
李仁行臨終時

*전거: 『이인행선생 자필 임종 유필』

이승의 마지막 순간 동포에게 소망의 글을 쓰려고 붓을 들었습니다.
나라 일을 염려하는 지도자에게도 알립니다.
1950년 6월 25일 남한과 북한이 서로 다투었습니다.
남한과 북한이 싸워 민족을 서로 갈라지게 되었습니다.
이는 정의와 인도에 어긋나는 허물입니다.
정치가는 정의로운 일로 남과 북의 상잔을 막는 것입니다.

5천만 민족이 서로 투쟁함은 부끄러운 것입니다.
서로를 배려하는 마음이 있어야 합니다.
나의 마지막 소망의 글입니다.
이글이 남겨져 기록되어 민족의 상잔이 소멸하기를 바라기 때문입니다.
저를 지켜보았던 지인과 가족과 친구 모두에게 전하는 소망입니다.

이인행선생은 임종의 시간에도 5천만 남북 동포에게 간곡하게 전하는 소망이 있었다. 이인행선생의 조국과 계레를 사랑하는 마음은 옥빛과 같았다. 그러기에 마지막 민족을 위해 남북이 상호 협력과 번영의 길로 가도록 평화의 메시지를 남겼던 것이다.

이인행선생은 가족들에게도 차례로 마음을 전하였다.

이인행선생은 독립운동가의 아내로 마음고생이 많았던 김일남(金 南)여사에게는 "광복의 세상이 다 당신 소원한 옳음 아니었겠소? 그 수많은 노고와 눈물을 어찌 하늘에서 잊으리오."라고 위로의 말씀으로 애잔한 마음을 위로하였다.

이인행선생은 일제강점기 구속 수감기간 집안을 돌 볼 수가 없었다. 이때 부인 김일남여사가 가사와 자녀를 양육하여야만 하였다. 일제의 협박과 압제 속에 어린 딸이 유명을 달리하는 아픈 상처가 남아 있었기 때문이다.

이인행선생은 아들 이건일(李建馹)을 바라보면서 하시는 말씀이 있었다. "나라를 위하는 마음을 태양과 같이 뜨겁게 갖거라! 그리고 세상에 빛이 되어라! 교육은 백년대계이다. 후학양성과 교육에 집중하야야 한다."라고 하셨다.

이인행선생의 변절 없는 절의 정신은 조선의 고결한 씨앗이 되어 숭고한 애국지사의 모습으로 우리 곁에 남아 있게 되었다. 오늘날 이인행선생의 독립운동의 발자취는 우뚝 솟은 태산과도 같아 그 정신을 기리는 비와 탑이 세워졌다.

1977년 12월 22일 함평군민들은 이인행선생과 지역독립지사들이 일제강점기에 전개한 3·1 만세운동의 충절을 기리는 3·1 만세운동 기념비를 기산공원에 세웠다.

함평군민의 정성을 담은 3·1 만세운동 기념비가 세워지자 이건일씨는 "아버지의 애국 항일투쟁 업적이 군민들의 성원으로 조명하게 되어 한이 없다."라고 하며 감사의 말로 눈시울을 적시었다.

3·1 만세운동 기념탑 비문에는 애국지사들의 충절의 정신을 새기고 있다.

빼앗긴 땅에 씨앗을 묻고자 왜놈들의 간담을 서늘하게 했던 이 고장 의로움에 살고 또 의로움에 죽은 선열들이여 임의 충절을 기리고 임의 효심을 본받게 하리니 기리 이 땅을 밝혀주길, 위대한 넋이여 고이 잠드소서! 라고 기록하였다.

대한민국 정부에서는 이인행선생의 독립운동 업적을 기려 먼저 대통령표창(1982년 8월 15일, 제55220호)을 추서하였다.

1985년 국가보훈처 후원으로 '이인행선생의적비건립추진위원회'가 결성되었다. 위원장에 광산군수 이현호, 부위원장에 함평군수 정병섭, 위원에는 광산군 · 함평군 · 장성군 각계 인사들로 구성하여 의적비를 선생의 묘소에 세웠다.

*전거: 『이인행 묘비』

이인행선생의 묘소는 광산군 삼도면 양동리 선영하에 모셨다가, 1988년 함평군 나산면 초포리 사촌으로 이장하면서 의적비도 같이 옮겼다.

1989년 함평군 문장 3·1 만세운동 기념탑이 세워졌다. 해보면 청년회에서는 그 날의 의의를 되새기고자 4.8독립만세운동 재현행사를 실시하고 있다. 함평군과 대한민국 정부에서는 이인행선생이 군민과 이룩한 문장 3·1 만세운동의 중요도를 높이 새겨 새로운 조형물을 갖춘 탑을 건립하였다.

2008년 만세공원과 만세로를 정비하고 문장 3·1 만세탑을 새롭게 세워 함평군민이 다 함께 의미를 되새기고 있다.

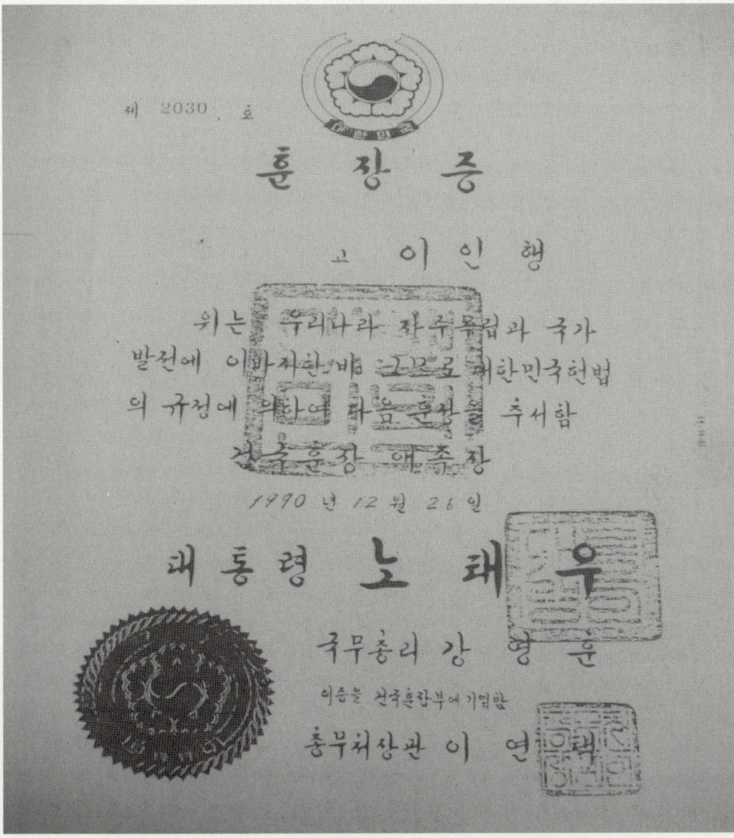
제 2030 호

훈 장 증

고 이 인 행

위는 우리나라 자주독립과 국가 발전에 이바지한 바 크므로 대한민국헌법의 규정에 의하여 다음 훈장을 수여함

건국훈장 애족장

1990년 12월 26일

대통령 노 태 우

국무총리 강 영 훈

이증을 건국훈장부에 기입함

총무처장관 이 연 택

*전거: 『이인행 애족장』, 훈장(2030)호

1990년 광복 45주년을 맞아 정부에서는 애국지사[109] 이인

109) 독립유공자예우에 관한 법률 제4조(적용대상자) 다음 각 호의 어느 하나에 해당하는 독립유공자, 그 유족 또는 가족은 이 법에 따른 예우를 받는다. 1. 순국선열: 일제의 국권침탈 전후로부터 1945년 8월 14일까지 국내외에서 일제의 국권침탈을 반대하거나 독립운동을 위하여 일제에 항거하다가 그 반대나 항거로 인하여 순국한자로서 그 공로로 건국훈장·건국포장 또는 대통령 표창을 받은 자 2.애국지사: 일제의 국권침탈 전후로부터 1945년 8월 14일까지 국내외에서 일제의 국권침탈을 반대하거나 독립운동을 위하여 일

행선생의 '자주독립과 국가발전에 기여한 공로'를 인정하여 건국훈장 애족장(1990년 12월 26일, 제2030호)을 서훈하였다.[110]

이인행선생의 유업을 이은 장남 이건일은 자녀교육에 집중하였다. 그 후 현손 이철성은 35년간을 국가공직에 봉직하였다. 그리고 보국훈장광복장(2009년 11월 30일, 제18306호)을 수상하였다. 이어서 차손 이석성은 ㈜정성정밀공업 대표이사로 대한민국 산업발전에 기여한 공로를 인정받아, 제39회 무역의 날에 수출유공자로 선정되어 철탑산업훈장(2002년 11월 30일, 제1649호)을 수상하였다.

이들 모두 이인행선생의 유지를 이어온, 이건일 후손의 남다른 자녀 교육이 있었기 때문이다.

이인행선생의 가문에서 훈장을 3개씩 수여받게 되자 그 행의와 가문의 위상이 지역사회에 널리 알려졌다.

이인행 선생이 살고 지내셨던 전남 함평군 나산면 초포리, 생가는 6개의 꽃잎이 모이듯 산맥의 지형이 뛰어나 지리학자들의 발길이 이어지는 명소이다. 함평지세는 고대부터 알려졌고 호남가의 첫머리에 등장할 정도로 화산동천(華山洞天)을 이루고 있다.

이인행선생의 생가 당호가 '국사재(國思齋)'라고 편액된 것은 그 이유가 있다. 이인행선생의 평소 사상과 일념을 표

제에 항거한 사실이 있는 자로서, 그 공로로 건국훈장·건국포장 또는 대통령 표창을 받은 자.

110) 『독립운동사자료집』9권, 1990, 385-389쪽; 『독립운동사자료집』14권, 1990, 145쪽; 『독립운동사』3권, 1990, 603-607쪽.

*전거: 『이인행선생 생가 안채』

시한 것이다. 그것은 나라를 위한 '국사'에 깊이 천착하셨기에 그 숭고한 유지를 기려 발원한 것이다.

국사재는 애국지사의 역사의 숨결이 살아있는 전라도 대표의 고택이다. 국사재는 이인행선생의 장자 이건일(80)씨가 거주하며 전통의 맥을 이어가고 있다.

지난 1996년 기존 낡은 가옥을 원형의 형태로 복원한 것이다. 조선의 전통 법식을 적용하여 전면 5칸, 측면 2칸 익공 형태의 건물로 재현하였다. 용마루의 모습은 현수곡선, 추녀 끝은 부연과 귀솟음, 기둥과 지붕 연결부에는 안 쏠림, 처마 끝 안 허리 곡선 등을 차용하였다. 국사재 안가는 건실한 도리와 대들보의 사용으로 건물의 중후한 전통 모습을 창

*전거: 『국사재』

출하였다. 문창살은 빗살문으로 선의 조화와 대비를 이루고 있다.

국사재와 단을 달리하며 양지 바른 언덕 위에 애국지사 이인행선생의 묘소가 나산 들을 바라보고 있다. 사랑채 뒷길을 따라가면 나원정 정각과 텃밭에는 산야초 · 산나물이 가득하다.

국사재는 이인행선생의 생가이자 독립운동 정신이 어린 사적지이다. 왜냐하면 일제강점기 일제순사의 칼날 아래 항거 하던 곳이며, 이인행선생이 목숨을 함께 나누기로 약조한 동지들이 유숙한 곳이기 때문이다.

*전거: 『애국지사 이인행 묘소 전경』

끝으로 이인행선생의 정신이 살아 숨 쉬도록, 오늘을 살아가는 우리들이 문화인물선정과 독립운동사적지 지정 등의 선결 과제를 해결하여야 할 것이다.

이인행선생의 애국 충절의 정신을 계승할 기념관 건립 등이 이루어지던 날, 이인행선생의 충절이 선양될 수 있을 것이다.

■ 판결문 원본 자료

同道靈光郡白岫面莊山里農

金鐘睪

三十二年

同道咸平郡平陵面草浦里農

李仁行

二十三年

同道順天郡道沙面仁德里職業不詳

黃炳學

四十五年

六七七 169

削字

立假政府ヲ援助スル目的ヲ以テ朝鮮ガ大日本帝國ヨリ分離獨立スルハ正義人道上必要然ノ要求ナリトノ不穩思想ヲ各地ノ朝鮮人ニ宣傳鼓吹シ且獨立ニ要スル資金ヲ義務的ニ提供セシメン、募集セントシ殊ニ金嚴ハ大正八年陰曆五月上旬全羅南道長城郡黃龍面月坪里金安瑞方ニ於テ同人ニ對シ朝鮮獨立ニ寄スルヲ旨ヲ印刷セル國民大會趣意書、宣布

■ 판결문자료 목차

*전거『대한민국 임시정부청사』, 독립기념관

刑事裁判事件簿 第39號 大正8年(1919年)

자료번호	1-007612-000	자료제목	황병학 형사재판서 판결문

刑事裁判書原本

大正八年第三九號

永久 年保存

大正 11 年度

執行 課

分類番號

<39>

簿冊名稱

判決文

52

光州地方法院

李仁行 형사재판서 원본

1919. 原本 八年 39호, 나21-01

1920.7.19

七七九 1167

大正八年豫第三九號

豫審終結決定

京畿道坡州郡汶山面 職業不詳

金澈

四十三年

全羅南道高興郡道化面堂烏里農

奇山度

四十三年

同道靈光郡白岫面莊山里農

全鍾澤

三十二年

同道咸平郡平陵面草浦里農

李仁行

二十三年

同道順天郡道沙面仁雲里 職業不詳

黃炳學

四十五年

2203

0240

大正八年豫第三九號

ダ七
文

168

京畿道京城府勸農洞 職業不
詳
金學老
五十一年
全羅南道長城郡黃龍面筆
岩里 農
朴殷容
四十一年
右七名ニ對スル大正八年制令第七號違
反強盜被告事件ニ付キ豫審ヲ遂
ケ決定スルコト左ノ如シ

主文

被告、金徹、壽山度、金鍾澤、李
仁行、黃炳益學子、朴殷容ヲ當院ノ公
判ニ付ス
被告金學老ヲ免訴ス

理由

被告金徹壽山度、金鍾澤ハ朝鮮
ノ獨立ヲ企圖シ同一目的ノ下ニ在支那
上海ニ不逞鮮人等ノ組織セル朝鮮獨

0241

七七七 167

刑字

立假政府ヲ援助スル目的ヲ以テ朝鮮
ガ大日本帝國ヨリ離脱シ獨立スルハ正義
人道上必要ノ要求ナリトノ不穏ノ思
想ヲ各地ノ朝鮮人間ニ傳ヘ鼓吹シ且
獨立ニ要スル資金ヲ義務的ニ提供
セシメテ募集セントシ金徹ハ大正
八年陰五月上旬全羅南道長城
郡黄龍面月坪里金吉洙方ニ
於テ同人ニ對シ朝鮮獨立ニ關スル
項ヲ印刷セル國民大會趣旨書、宣布

文及臨時政府國民大會幹部名義
ノ假政府ニ要スル資金ヲ提供セザル者ニ
ハ危害ヲ加フヘキ旨ノ告諭書等ヲ示シ
獨立思想ヲ宣傳スルト同時ニ應セザルハ
後難アルヘシト恫喝シ金氏一門ヨリ義
務金ノ提供方ヲ要求シ因テ同人ヲシテ
金百八十圓ヲ交付セシメ次テ被告人殷
容ハ壽山ニ慶金徹ノ勸説ニヨリ被告
李仁行ハ金鍾墨ノ勸説ニヨリ何レモ
同志ニ加ハリ更ニ金徹ハ全羅南道

0242

七七八 170

高興郡ナル被告壽山度宅ニテ面
會スルコトヲ約シ一行ト別レテ字城ニ
壽ノ壽山度金鎭澤ハ同月下
旬高興郡大西面上南里宋柱鳳
方ニ趙ト同シク前記趙ト書宿泊
文筆ヲ示シテ獨立思想ヲ宣傳
シタル上李仁行朴般容ト前後
シテ同郡道化面老烏里ナル被告
壽山度宅ニ集合シ、被告黃炳學モ
同壽ニ加ハリ金徹ノ來ルヲ待チ居タ
ルモ來ラザルヨリ、被告壽山度金鎭
澤李仁行黃炳學朴般容ノ五名ハ
三手ニ行動スルコトトシ五名ニテ提携シ
連絡ノ上同年陰三月下旬ヨリ七月
下旬迄ニ亘リ全羅南道順天郡雙
巖面九江里趙允植同道谷城郡
竹谷面鳳停里趙鎬俊同郡
谷面槐枝里安在翊安昭英、金
呂圭同郡石谷面梨亭里柳杰
李華永李先根同道郡

0243

七七九 171

扎禮面山底里金炳旋 同道寶
城郡花橋面七洞里居住鶴金殷鎬
北道任實郡三溪面鳩岩里金在字
陳同面德溪里許業 同道南
原郡大山面大谷里黃龍周 同郡
周生面池塘里尹龍燮又ハ尹鶴先
老居里ニ於テ前記趣旨ノ書 宣布
文先游書及臨時政府國民大會
曾部所名義ノ朴殿宗又金羅南地
道義禁金安玩特派員ニ任命セル

旨ノ辭令書等ヲ交付シ思想
ヲ宣傳鼓吹シ以テ獨立運動ニ
ヘシト煽動シ金ノ提供ヲ強
要シ同ニ趣旨ノ樹趣旨安昌
金昌圭李華淑李先根全炳
崔在鶴金學洙黃龍周尹龍
變更ヲ合計金七百五十圓ヲ交付
セシメ尚朴殿宗ハ單獨ニテ大正九年十一
一月五日全羅北道高敞郡星松面
時里姜大渭ニ對シ前記ノ書類

ヲ同人ニ示シテ朝鮮獨立思想ヲ宣傳
シ應セザレバ後難アルベキ旨ヲ申シ
テ出金ヲ强要シ因テ同人ヲシテ金五圓
ヲ交付セシメ因テ以テ被告ハ安寧
秩序ヲ妨害シタルモノナリ
以上ノ事實ハ證憑十分ニシテ右被
告ノ所為ハ保安法第七條及刑法第
二百四十九條第一項第五十五條ニ該當
スル犯罪ト思料スルヲ以テ刑事訴訟法
第三百十七條ニ依リ公判ニ付スヘキ
被告學生ガ前記被告人ト共謀
シテ右犯罪行為ヲ為シタリトノ公
訴事實ハ證據不十分ナルヲ以テ同
刑事訴訟法第三百十五條ニ依リ全
部ヲ免訴ス
大正九年 月 日
光州地方法院
豫審判事 伊藤重三郎

0245

七八178

大正八年刑控第三九號

命令

金瀲外六名ニ對スル大正八年制令第七號違反及保安法違反被告事件記録及當院判決謄本各一通ヲ被告人金瀲ノ妻姉婿金應先ニ對シ公示送達ヲ為スヘキモノトス

大正八年五月　日

高等法院

裁判長 朝鮮總督府判事 [illegible]

0246

光州刑事公判 第20號 大正9年(1920年)

174 光州

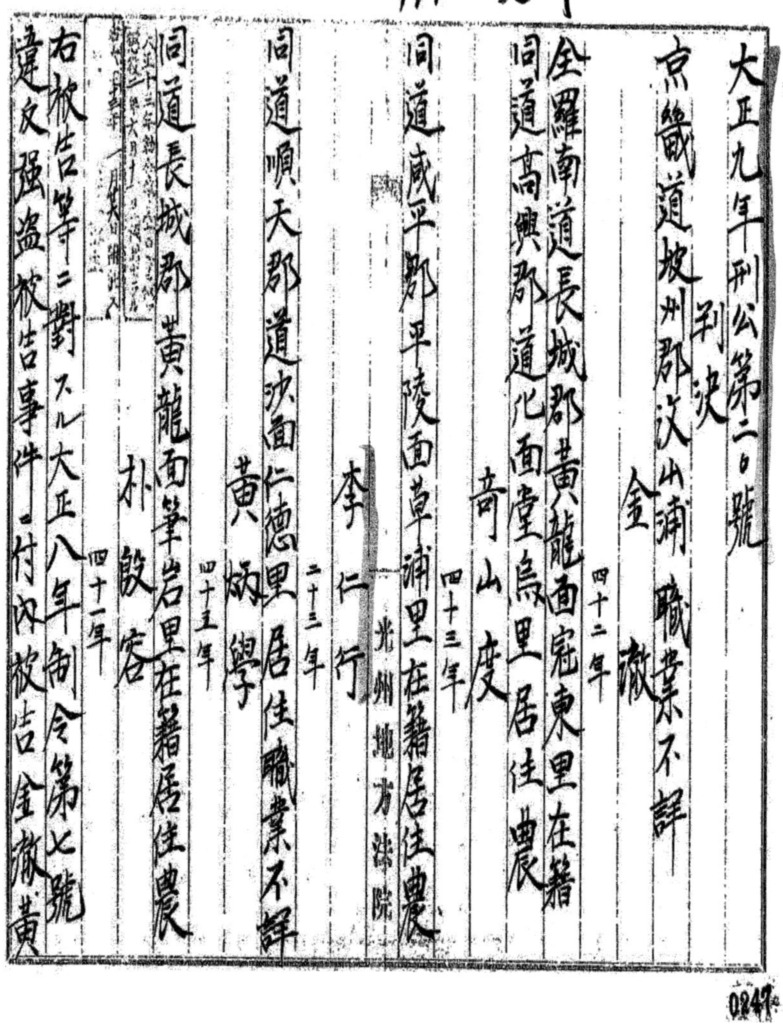

大正九年刑公第二〇號

判決

京畿道坡州郡汶山浦　職業不詳

金澈　四十二年

全羅南道長城郡黃龍面完東里在籍

同道高興郡道化面堂烏里居住農

奇山度　四十三年

同道咸平郡平陵面草浦里在籍居住農

光州地方法院

李仁行　二十三年

同道順天郡道沙面仁德里居住職業不詳

黃炳學　四十五年

同道長城郡黃龍面筆岩里在籍居住農

朴啟容　四十一年

大正十三年勅令[illegible]

右被告等ニ對スル大正八年制令第七號

違反强盜被告事件ニ付內被告金澈黃

光州 刑公 大正九年 1920

175

炳學ハ闕席ノ儘朝鮮總督府檢事堀勘治郎干與ノ上審理ヲ遂ケ判決スルコト左ノ如シ

主文

被告金徹ヲ懲役五年ニ處シ被告奇山度黄炳學及朴殷容ヲ各懲役三年ニ處シ被告李仁行ヲ懲役一年ニ處ス

被告金徹黄炳學ハ本判決ニ對シ自ヲ其送達ヲ受ケ又ハ判決執行ニ因リ刑ノ言渡アリタルコトヲ知リタル日ヨリ三日以内ニ故障ヲ申立ツルコトヲ得

押收品中領第二二號ノ第一號乃至三號及領第四七一號ノ第十五號ハ之ヲ沒收シ其他ハ各差出人ニ還付ス

公訴訴訟費用ハ被告等ノ連帯負擔トス

光州地方法院

理由

被告金徹ハ不逞鮮人ノ組織セル在支那上海朝鮮獨立假政府ノ一員ニシテ同政府ヨリ獨立思想ノ宣傳及其資金募集ノタメ朝鮮ニ特派セラレタリト呼稱シ被告奇山度ハ大正八年

0210

176

陰六月頃故李太王ノ國葬拜觀ノタメ京城ニ滯在中被告金流ガ朝鮮獨立ノ資金調達ニ奔走シ居ル旨ヲ聞知シ京城府齋洞沈載高方ニ被告金徹ヲ訪ヒタルトコロ同人ハ目下巴里講和會議ニ於テ米國大統領ウヰルソン氏ハ民族自決主義ヲ提唱シ在上海假政府ハ代表者ヲ巴里ニ派遣シタレハ吾朝鮮ノ獨立モ庶幾ニ在リ自分ハ右假政府ノ命ヲ承ケ朝鮮各地ニ獨立思想ヲ宣傳シ且義務金募集ノ任ニ當レル者ナレハ宜シク同行スヘキ旨説聞ケタルニ被告奇山度ハ其趣旨ヲ賛同シ爰ニ被告兩名ハ前記假政府ヲ援助スル目的ヲ以テ義務的ニ資金ヲ徴收シ且獨立ニ關スル不穩ノ思想ヲ鼓吹スルタメ全羅南北兩道ヲ遊說センコトヲ共謀シ大正八年陰四月二十一日共ニ全羅南道長城郡黄龍面凰東里ナル被告奇山度ノ父奇宰ノ宅ニ到リ同所ニ滯在中如ニ同志ヲ物色セントシ同月二十五日頃被告兩名ハ同道靈光郡白岫面莊山里金鍾[illegible]ヲ訪ヒ同人ニ對シ朝鮮獨立ニ關スル國民大會趣旨

177

書及宣布文等ノ不穩ノ文書ヲ示シテ獨立
思想ヲ鼓吹シ被告等ノ前示公判ニ參加スヘ
ク勸誘シタルニ被告金鍾𨯶ハ其趣旨ヲ贊同
シ行動ヲ共ニスルコトヲ承諾シ同年陰五月十五
日頃被告李仁行ヲ伴ヒ被告奇山度ノ肩書居
宅ニ來訪シタルヨリ被告奇山度ハ被告李仁行
ニ對シ朝鮮獨立運動ノタメ奔走シ居ル旨ヲ
申告ケ被告李仁行ハ被告奇山度等一行ト
倶ニ各地ニ遊說スルコトト爲リ被告朴啟容ハ
前記李太王國葬ノ當時京城ニ於テ被告奇
山度ニ會シ同人ヨリ朝鮮獨立運動ヲ慫慂
セラレタルコトアル關係上同年陰五月上旬頃
被告奇山度ニ招カレ長城郡黃龍面長山里朴
均庠方ニ於テ被告奇山度及金徹等ニ會
シタル際被告金流ハ被告朴啟容ニ對シ自
分ハ在支那上海假政府員ニシテ朝鮮獨立
ノタメ其資金ヲ募集スル目的ヲ以テ特派
セラレタリト告ケ且勸ムルニ該運動ニ參加セ
ラレタキ旨ヲ以テスルヤ被告朴啟容ハ條チ
之ニ和シ共ニ努力スヘキ旨ヲ約シタルヨリ被

光州地方法院

0250

128

告金澈ハ謀テ右資金徴收ノ用ニ供スヘク携帯
シ居リタル領第四七一號ノ第十五號國民大會
趣旨書、宣布文及臨時政府國民大會監部
所名義ノ朝鮮獨立假政府ニ要スル資金ヲ
提供セサル者ニハ危害ヲ加フヘキ旨ノ告諭書
等合計約二百枚ヲ被告朴殷容ニ交付シタル處
ニ被告奇山度ハ被告金澈ノ命ニ依リ同監部
所名義ノ全羅南北道義務金要求ノ特派委
員ニ任命スヘキ旨ノ辭令書（領第二二號ノ第一
號）ニ被告朴殷容ノ氏名ヲ記入シ之ヲ同人ニ

光州地方法院

交付シ且高興郡道化面堂烏里ナル被告奇山
度ノ居宅ニ參集スヘシト告ケ一方同被告ハ同
年陰五月上旬頃右被告宅ニ於テ被告黃炳
學ニ對シ朝鮮獨立思想ヲ鼓吹シ竟ニ同人
ヲ說得シテ被告等ノ劃策ニ參加セシメタル
上被告金澈ハ同年陰五月上旬頃長城郡黃龍
面月坪里金堯瓚方ニ於テ同人ニ對シ許能朝鮮
獨立ニ關スル事項ヲ印刷シタル國民大會趣旨
書宣布文及臨時政府國民大會監部所名義
ノ朝鮮獨立假政府ニ要スル資金ヲ提供セサル

179

者ニハ危害ヲ加フヘキ旨ノ告諭書等ノ各不穏文書ヲ示シ朝鮮獨立思想ヲ鼓吹スルト同時ニ出金ニ應セサレハ後難アルヘシト恫喝シ義務金ノ提供方ヲ強要シ因テ同人ヲシテ金百八十圓ヲ交付セシメタル後被告金澈ハ一行ト別レ京城ニ去リ被告奇山度、金鍾璟及李仁行ハ前顯被告奇山度ノ居宅ニ向ケ同道シ同年陰六月十五日頃右被告奇山度宅ニ到着シ数日間同家ニ滞在中被告朴殷容モ來リ會シ越エテ同月下旬右被告四名ハ順天郡道沙面仁德

光州地方法院

里ニ被告黄炳學ヲ誘ヒ一行五名ニテ互ニ提携連絡ノ上行動スルコトト爲リ同年陰七月下旬頃ニ至ル迄ノ間ニ全羅南道順天郡双岩面九江里趙晃植、同道谷城郡梧谷面梧枝里金昌圭、同所李昌善、同道同郡谷城面新基里李華永、同道同郡竹谷面鳳亭里趙鏞俊、同道同郡谷城面新基里李先根、同道求禮郡求禮面山城里金炯龜、同道寶城郡筏橋面七洞里曺在鶴、全羅北道任實郡三溪面鳴谷里金學洙、同道南原郡大山面大谷里黄龍周、同道

0252

180

同郡周生面池塘里尹龍變等ニ對シ何レモ其
居宅ニ於テ犯意ヲ繼續シテ夫々前記朝鮮
獨立ニ關スル事項ヲ記載セル國民大會趣旨
書宣布文及臨時政府國民大會臨監部所名
義ノ假政府ノ費用ヲ提供セサル者ニハ危害
ヲ加フヘキ旨ノ告諭書等ヲ示シ朝鮮獨立思
想ヲ鼓吹宣傳スルト同時ニ右資金ヲ提供セ
サレハ後難アルヘシト告ケテ同人等ヲ畏怖セ
シメ因テ趙晃植ヨリ金四十圓、金昌圭ヨリ
金五十圓、安昌善ヨリ金十圓、李華永ヨリ金

二圓、趙鏞俊ヨリ金十五圓、李先根ヨリ金四十
二圓、金炯魂ヨリ金二百圓、崔在鶴ヨリ金十圓
金學洙ヨリ金三十圓及尹龍變ヨリ金百圓
ヲ提供セシメ更ニ被告朴殷容ハ單獨ニテ大正
九年一月四日全羅北道高敞郡星松面岩峙
里姜大湜方ニ到リ前示宣布文辭令書ヲ
同人ニ示シ朝鮮獨立思想ヲ宣傳シ尚寄
附金ノ提供ヲ強要シ出金セサレハ後難ヲ
加フヘキ態度ヲ構ヘ因テ同人ヲシテ金五圓
ヲ交付セシメ以テ各被告ハ治安ヲ妨害シ

0253

181

タルモノナリ
以上事實ハ
一、被告奇山度ノ當公廷ニ於ケル被告李仁行ニ對シ朝鮮獨立思想ノ宣傳並在支那上海朝鮮獨立假政府援助ノ目的ヲ告ケタリトノ點及被告朴殷容カ全羅北道高敞郡星松面岩崎里某大提ヲ脅迫シテ金五圓ヲ同人ヨリ交付セシメタリトノ點ヲ除キ判示同趣旨ノ自供
一、被告李仁行ノ當公廷ニ於ケル私ハ最初被告金鍾澤ノ紹介ニ依リ被告奇山度ニ面會シ昨年陰

光州地方法院

二月頃金澈以外ノ被告等ニ追隨シ高興ニ到リタル際被告等カ支那上海ノ假政府ヲ援助スル目的ニテ各地ヲ遊歷シ居ルコトヲ承知シ爾後被告等ト共ニ各所ヲ經巡リタルモ自分ハ直接資金提供ヲ強要シ因テ義務金ト稱シ金員ヲ受領シタル事實ナキ旨ノ供述
一、被告朴殷容ノ當公廷ニ於ケル私ハ大正八年陰四月晦日頃外出先ヨリ歸宅シタルニ居里長山里朴均序カ自分ノ留守中來訪シタリトノコト故其翌日朴均序方ニ到リタルトコロ奇山度ト當時面

0254

182

織ナキ金澈ナル者カ居合セ奇山度ハ自分ニ金澈ヲ紹
介シタル後同人カ支那上海假政府員ニシテ朝鮮
獨立ノタメ其資金ヲ募集スル目的ヲ以テ特派
セラレタルモノナリト告ケ金澈ハ朝鮮獨立ノ可能
ナル旨ヲ説キ且假政府ヨリノ辭令書及獨立ニ
關スル文書ヲ自分ニ示シ獨立思想ヲ宣傳シタル
ヨリ自分モ豫テヨリ獨立ヲ翹望シ居リシ故喜
ンテ其擧ニ賛同シ共ニ其目的ノ貫徹ニ努力セ
ント約シタリ而シテ自分ノ携帶シ居タル朝鮮獨立ニ
關スル文書ハ領第二二號ノ第二號(宣布文)同第三號

光州地方法院

(臨時政府國民大會監部所名義ノ假政府ニ要ス
ル資金ヲ提供セサル者ニハ危害ヲ加フヘキ旨ノ告
諭書)領第四七一號ノ第十五號(領第二二號ノ第二號
宣布文、同第三號ノ告諭書、國民大會趣旨書及十
三道代表者ノ氏名竝其決議事項ヲ印刷セル文
書)ニシテ自分カ交付セラレタル全羅南北道義務
金要求特派委員ニ任命スル旨ノ辭令書ハ御示ノ
領第二二號ノ第一號ニ相違ナク被害者等大湜ヨリ
金員ヲ強取シタリトノ點ヲ除キ判示同趣旨ノ犯
行ヲ為シタル旨ノ供述

0255

一、豫審判事ノ被告奇山度訊問調書ニ金徹ハ京畿道坡州郡面不詳汶山浦ノ者ニシテ私カ大正八年陰二月李太王ノ國葬拜觀ノタメ京城ニ往キタル際趙鍾厚ナル者ヨリ金徹ハ愛國思想ニ富ミ今回ノ獨立運動ニ関シ資金ヲ募集セントシテ居ル旨ヲ聞キタルヨリ金徹ニ就キ果シテ獨立シ得ルモノナリヤ否ヤヲ尋ヌルタメ同人ヲ京城齋洞沈載禹方ニ訪レタルトコロ金徹ハ巴里ノ媾和會議ニ於テ米國大統領ウヰルソン氏カ民族自決ヲ主唱シタルニヨリ朝鮮ノ獨立モ出來ル

コトニ爲リ居リ既ニ上海ニ假政府カ設立サレ同政府ヨリ代表者ヲ巴里ニ派遣シタル故獨立ノ出來ルコトハ間違ナシ自分ハ假政府ヨリ其事ヲ宣傳スルタメ上海ヨリ渡來シタル故之レヨリ此書面ヲ各地ニ持チ往キ人民ニ其趣旨ヲ傳ヘル積リナル旨ヲ語リ團民大會趣旨書假政府設立ニ関スル宣布書ヲ示シ且右ノ趣旨ヲ宣傳スルト共ニ其資金ヲ義務的ニ提供スル者アラハ徴收スヘキ旨假政府ヨリ命セラレ居ルヨリ義務金募集ノタメ各地ヲ廻ハル考ナル故君モ同行セラレタシト申

0256

スヨリ私モ朝鮮民族ノタメニ為ス事ナレハ賛成ナリ
ト答ヘ立去リタルカ其後陰四月二十一日私ハ京城南
大門停車場ニ於テ金澈ニ邂逅シタル際同人ハ先日
申シタル如ク之レヨリ遊説ニ赴カレトスルトコロナルカ
同行セラレタシト云フヨリ私ハ之ヲ承諾シ翌二十二日
南大門驛ヲ發シ其翌二十三日長城驛ニ下車シ其レ
ヨリ私等ハ長城郡黄龍面冠東里ナル私ノ實父
奇峯方ニ往キ同家ニ宿泊シタル上靈光郡白岫面
莊山里金鍾澤方ヲ訪レ同人ニ朝鮮獨立ニ関スル
趣旨書及宣布文ヲ示シテ其趣旨ノ宣傳及資

光州地方法院

金募集ヲ為サレコトヲ勧誘シタルニ金鍾澤ハ之
ヲ承諾シタリ金澈ハ同所ヨリ長城郡黄龍面月坪
里ノ金堯璿方ニ到リ自分ハ父奇峯宅ニ歸リタル
ニ其後金澈ハ自分方ニ來リ金堯璿ニ交渉シ同
人ヨリ百六十円ヲ出スコトト為リタリト申シ居リ
タリ其後数日ヲ経テ金澈ハ自分ニ對シ此地
方ニテハ發覺ノ虞アル故金堯璿ノ出スヘキ金員
中百圓ヲ貰ヒ京城ニ引返ス積リナリ後事ハ君
ニ託ス故宜シク頼ムト申スヨリ私ハ金鍾澤ト
二人ニテハ困難ナリト申シタルトコロ然ラハ適當

0257

185

ナル人ヲ頼ミ呉レト申ス故私ハ朴殷容ニ其事ヲ交渉シタルニ同人ハ之ヲ承諾シ金瀲ハ國民大會監部所トアル印ヲ押シ義務金募集委員トシテ特派スル旨ヲ印刷シタル用紙ニ朴殷容ノ姓名ヲ記入シテ同人ニ交付シタル旨ノ供述記載

同上被告金鍾澤訊問調書ニ大正八年陰五月初旬頃奇山度カ自分方ニ來訪シ宣布文及國民大會趣旨書ヲ私ニ示シ國家ノ為メナル故君モ共ニ宣傳ニ歩イテ呉レト勸メタルヨリ私ハ承諾シタル旨ノ供述記載

同上被告朴殷容訊問調書ニ大正八年陰四月末頃奇山度カ私ノ隣里ナル長山里朴均庠方ニ來リ私ノ不在中使ヲ以テ私ヲ呼ヒニ來リシ故私ハ翌日朴均庠方ニ赴キタルトコロ京城ノ金瀲ト云フ四十三四歳ノ者モ居リ奇山度ノ紹介ニ依リ初對面ノ挨拶ヲ為シタルニ金瀲ハ私ニ向ヒ奇山度ヨリ御名前ヲ聞キ居ルカ今回自分等ハ獨立運動ノ為メ其筋ヨリ全羅道地方ヲ擔任シ來リシ故君モ共ニ盡力シ呉レト頼ムヨリ私ハ之ヲ承諾シタルトコロ奇山度ハ私ヲ義務金募集委員ニ任命ス

0258

186

ルトテ既ニ印刷シ在リタル辭令書用紙ニ私ノ名ヲ記入シテ渡シ且獨立ニ関スル趣旨書、假政府ニ関スル宣布書、國民大會ノ告諭書以上三種ノ印刷物數百枚ヲ渡シ自分ノ高興郡ナル妻宅ニ其リ夫レヨリ共ニ行動セン、ソレマテ此書類ヲ携ヘ妻宅ニ來レト云ヒシ故私ハ之ヲ承諾シテ受取リ金澈等ト別レタリ其後約十日ヲ経テ私ハ右印刷物ヲ携ヘ高興郡道化面堂息里ナル奇山度ノ妻宅ニ行キタルニ金鍾澤及李仁行ノ両名モ同家ニ居リ奇山度ハ右両人モ同志ノ者ナリト申シ居リタリ其際奇山度ハ同志ノ金澈ヲ待チ居レトモ來ラサル故據テ自分等ト奔走スルコトヲ約束シタル順天郡道沙面仁德里ノ黄炳學カ自宅ニテ待チ居ルニ付同人方ニ赴キテ之ヲ誘ハントテ同人方ニ到リ同人モ一行ニ加ハリ夫レヨリ途中數泊ノ上順天郡双岩面九江里趙冕植方ニ赴キタリトノ供述記載

一、同上奇山度第二回訊問調書ニ黄炳學ハ朴敏容カ高興郡ノ私宅ニ來訪スル以前右私宅ニ來レル際一緒ニ遊歷スヘキ相談ヲ爲シタル旨ノ供述記載

0259

187

一、司法警察官ノ被告李仁行第二回訊問調書ニ私ハ大正八年陰五月中奇山度金鍾譯ノ二人ト共ニ高興ノ奇山度ノ妻宅ニ行キ同宅ニ滯在中奇山度ハ吾々ハ獨立運動ノタメ各地ヲ歩キ廻ハリ獨立ノ仕事ヲスルノタト申シ私ニハ斷々ヲ見物サセ且酒食モ充分馳走スル故荷物ヲ負ヒ歩キ呉レト申スヨリ私ハ其事ヲ承知ノ上同行シタリ陰六月上旬頃奇山度金鍾譯朴敵容等ト共ニ奇山度ノ妻宅ヲ出發シ途中約二泊シテ黄炳學ノ宅ヲ訪ヒ同人モ一行ニ加ハリ陰七月上旬頃迄ノ間ニ求禮光州池方淡陽谷城南原、任實淳昌等ノ各地ヲ歩キタル旨ノ供述記載

一、同上證人金堯璿訊問調書ニ本年陰五月上旬或日ノ午後京城ノ金澈ト云フ客カ私宅ニ來訪シタリ其夜人靜マリテ私ト金澈ト二人ノミニ爲リタル際同人ハ私ニ對シ自分ハ上海ノ假政府カラ當地ニ來タ者ナルカ金ヲ出シテ貰ハネハナラヌト申シタルモ當時父モ不在故金ノ持合セナシト答ヘタルニ金澈ハ自分ノ背後ニハ多數ノ黨員アリ出金セサレハ汝ノ生命ニモ關スルコトタト申ス

0260

188

ヨリ私モ生命ニハ換ヘラレス故私ハ市日ニ飼牛ヲ賣却シ其代金トシテ受取リシ金百二十圓ヲ金澈ニ渡シ私ノ一門ノ金亮重及金時中モ私方ニ来リ金澈カ来テ上海假政府ノ所要金ヲ要求スルニ付出途スルト申シ其後陰五月二十日頃金四十圓ヲ私方ニ届ケタルヨリ私ハ之ヲ金澈ニ交付シタル旨ノ供述記載

一、豫審判事ノ証人金亮瓚訊問調書ニ陰五月初旬頃金澈カ私方ニ来訪シタル際夜十一時頃金澈ハ私ニ對シ朝鮮カ今回獨立スルコトト爲リ既ニ假政府カ設ケラレアリ自分ハ其宣傳加獨立ニ要スル資金募集ノタメ寄山度ト共ニ當地ニ参リ同人ハ黄龍江ノ向側ニ往キ自分ハ此處ニ来リシ故金ヲ出シテ呉レト申シ出テタルモ私ハ持合セナシト答ヘタルトコロ金澈ハ君カ財産家ナルコトハ識調ヘテ来タカラ数千圓出金セラレタシト云ヒ私ハ幾度求メラレテモ出ス資力ナシト斷リタルモ金澈ハ承諾セス若シモ出金ニ應セサレハ其レテモ宜シイ自分一人丈テハナク同志カ居ルコト故後難アッタトキニ悔ユルナト云ヒ私ヲ脅迫

0261

189

シテ容易ニ立去ラサリシ故私ハ後難ヲ恐レ然ラハ應分ノ出金スルカ今持合セテ居ラストテ云ヒシニ金澈ハ金ノ出来ル迄待ツトテ云ヒ私方ニ滞在シ十日許シテ私ハ飼牛ヲ月坪里ノ市場ニテ賣リ百二十円ヲ調達シタリ其際私ノ一族ナル金堯重金時中等ニ金澈カ来テ出金ヲ迫リ居ルコトヲ語シ且其タメ已ムヲ得ス調金中ナルカ彼ハ恰モ強盗ノ如キ者故君等ノ所ニモ出金ヲ求メニ行クヤモ知レサルカ寧ロ進ンテ多少ノ金ヲ與ヘテ當地ヲ去ラシムルヨウニシタ方カ宜シカルヘシト申シ置キシトコロ右両人ハ各三十円ヲ封筒ニ入レテ私方ニ届ケタルヨリ私ノ百二十円ト共ニ之ヲ金澈ニ交付シタル旨ノ供述記載

光州地方法院

一同上証人趙晃植訊問調書ニ於ケル六月末頃私カ居里ノ自分ノ書齋ニ居リシニ四十歳位ノ李敬三ト称スル者カ宿ヲ求ムルヨリ宿泊セシメタルトコロ夜分ニ為リテヨリ私ニ申スニハ自分ハ朝鮮臨時政府ヨリ派遣セラレ義務金募集ニ歩ク者故ニ百円ヲ出金セラレタシト云ヒシカ私カ金ノ持合セナシト答ヘタルモ李敬三ハ出金セサレハ後

0262

190

患アリ之ヲ見ヨトテ書類ヲ差出シタリ尚同人ハ私ニ向ヒ熟考シテ見ヨ、自分等ノ同志ハ澤山アリ近ク此ノ地方ニ來ルヘシト云ヒ其翌日ニ又出金ヲ迫ル故私ハ三十円ヲ渡シタルニ其レ丈ニテハ何ニモナラヌ又後ニ來ルカラ調金シ置クヘシトテ其ママ立去リシカ陰七月末頃又李敬三カ私ノ書齋ヲ訪レ調金シ置キタルヤト問フヨリ私ハ六十円ヲ差出シタルニモット出セト迫リ且出金セサレハ後難アルト申ス故更ニ二十円ヲ出シタルニ李ハ右八十円ヲ受取リタリ李敬三ト称セシ者ハ御示ノ人ハ朴殷

答ニ相違ナキ旨ノ供述記載

一、同上証人金炯甸訊問調書ニ昨年陰七月中奇山度朴某及黄某ノ三名私方ニ宿泊シタル夜奇山度ト朴某ハ朝鮮カ獨立スルコトト爲リ既ニ上海ニ假政府カ設ケラレアリ其頭目ハ李鍾晩テ自分等ハ國民大會監部員トシテ假政府ニ納ムヘキ義務金募集ニ歩キ居ル者ナルカ國民トシテ應分ノ寄附セヨト云ヒ獨立ニ関スル書面ヲ差示シタルモ私ハ彼等ノ言ノ真否ヲ知リ得サル故出金スルトモ爲サルトモ申サザリシカ翌朝

0263

又前回ノ寄附ヲ求メシモ私ハ快諾セサリシトコロ奇山度等ハ又同志ノ者カ來ル筈ナルカ其者ハ荒イカラ君ヲ殺スヤモ計ラレス今出金スレハ其心配ナイヨウニスルトテ強要スル故私ハ二百圓ヲ出シテ奇山度ニ交付シタル旨供述記載

同上証人金昌圭訊問調書ニ昨年陰七月十日頃黄炳學外一人ノ者ガ突然私方ニ來リ私ニ向ヒ假政府ノ設ケラレ居ルコトヲ知ルナラントテヨリ私ハ知ラスト答ヘタルニ黄炳學ハ印刷物ヲ示シタリ私ハ二圓ヲ差出シタルニ君ハ財産家ナルニ出セストコトアルカトテ二圓ノ金ヲ私ニ投ケ付ケ印刷物ヲ取リ後難アリタルトキ後悔スルナト放言シ去リタルカ翌日又二人カ來リ二圓ニテハ承知カ出來ヌ故モット出金セヨト迫ルヨリ後難ヲ怖レテ六十圓ヲ提供シタルニ黄炳學ハ監部所ト刻セル印ヲ押シタル印刷物ノ末尾ニ六十圓受領ノ旨ヲ記入シ自分ノ印ヲ押シ之ヲ私ニ交付シテ二人ハ立去リタリトノ供述記載

一司法警察官ノ証人姜大湜聽取書ニ大正九

192

年一月四日朴某ナル者私宅ニ父リ序問ニ來レリ
私方ヲ立去ル際朴某ハ自分ハ高興ノ奇山度等
ト朝鮮獨立運動ニ奔走シ居ル者ナルカ奇山
度ハ官憲ニ捕ヘラレ自分ハ其意思ヲ續ケ此
運動ニ從事シ居ルトテ獨立ニ関スル文書ニ
枚ヲ示シテ義務金ヲ寄附セヨト申ス故之ヲ
拒絶セハ後難ニ遭フカト思ヒ金五円ヲ朴某
ニ與ヘタリ御示ノ辞令書宣布文趣旨書ハ朴
某ノ持參シタル文書ニシテ御示ノ人(朴殷啓)
ハ朴某ニ相違ナキ旨ノ供述記載

光州地方法院

ヲ綜合考覈シテ之ヲ認定スルニ十分ナリ
法ニ照スニ
各被告カ判示各不穩文書ヲ以テ朝鮮獨立思
想ヲ宣傳シ且朝鮮獨立假政府[illegible]金募
集ニ從事シタル所爲ハ保安法第七條刑法第
五十五條ニ前示文書ヲ判示各被害者ニ示シ
テ之ヲ脅迫シ以テ金員ヲ交付セシメタル所爲
ハ同法第二百四十九條第一項第五十五條ニ各該
當スルヲ以テ各一罪ト爲シ保安法違反ノ罪ト
恐喝罪トハ一個ノ所爲ニ係ルヲ以テ刑法第五

0265

173

十四條第一項前段第十條ニ依リ最モ重キ恐喝罪ニ付定メタル刑期範圍内ニ於テ各量定處斷スヘク被告金徹及黄炳學ニ付テハ刑事訴訟法第二百二十七條乃至第二百二十九條ヲ適用シテ闕席判決ヲ爲スヘク押收品中領第二二號ノ第一號乃至第三號及領第四七一號ノ第十五號ハ犯罪ノ用ニ供シ犯人以外ノ者ニ屬セサルヲ以テ刑法第十九條第一項第二號第二項ニ依リ之ヲ沒收シ其他ハ沒收ニ係ラサルヲ以テ刑事訴訟法第二百二條ニ則リ之ヲ差出人ニ還付スヘク公訴訴訟費用ニ付テハ同法第二百一條刑法施行法第六十七條ヲ適用シテ其負擔ヲ定ムヘキモノトス

仍テ主文ノ如ク判決ス

大正九年七月十九日

光州地方法院

裁判長朝鮮總督府判事 [illegible]

朝鮮總督府判事 五井節藏

朝鮮總督府判事 櫻田良助

0266

124

朝鮮總督府裁判所書記 朴容淳

光州地方法院

0267

光州刑事判決 第20號 大正9年(1920年)

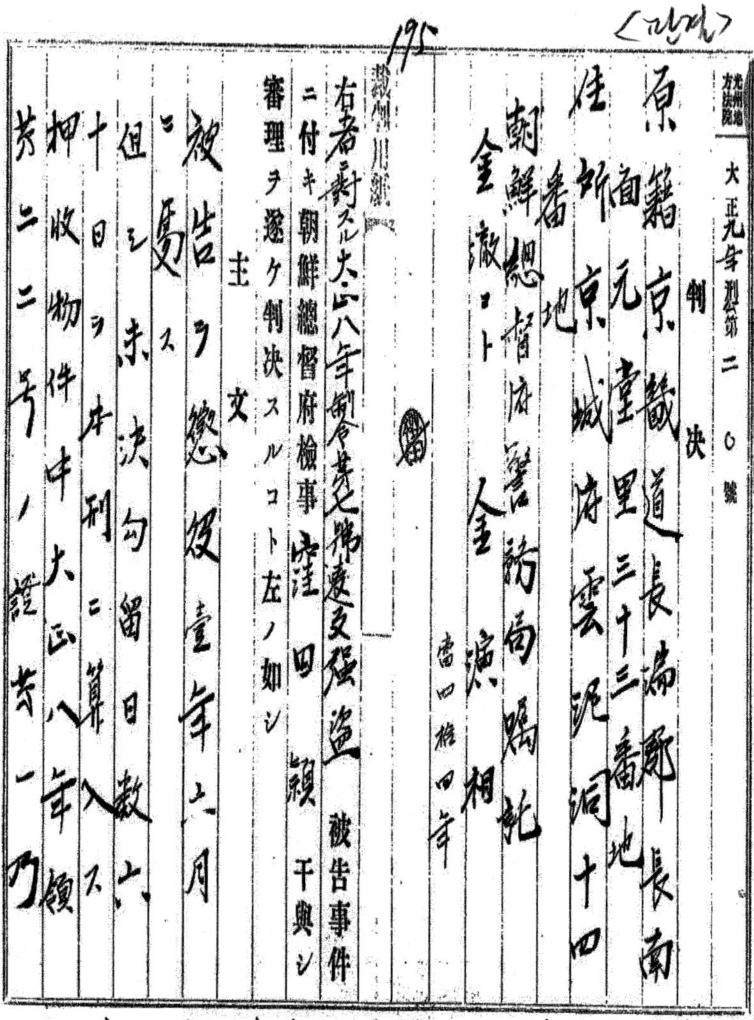
<판결>

195

光州地方法院 大正九年刑公第二〇號

判決

原籍 京畿道長端郡長南面元堂里三十三番地
住所 京城府雲泥洞十四番地
朝鮮總督府警務局囑託
金澈こト 金演相
當四拾四年

右者ニ對スル大正八年制令第七號違反強盜被告事件ニ付キ朝鮮總督府檢事窪田四郎干與シ審理ヲ遂ケ判決スルコト左ノ如シ

主文

被告ヲ懲役壹年六月ニ處ス
但シ未決勾留日數六十日ヲ本刑ニ算入ス
押收物件中大正八年領第二二号ノ證第一乃

1920 光州 20호 형사 재판 판결<P年>

0268

176

至三号ハ之ヲ没収シ其ノ他ハ總テ各差出人ニ還付ス

理由

被告金濂相ハ朝鮮独立ヲ目的トシ大正八年陰二月中京城府齋洞沈載点方ニ於テ高山度ト會シ同人ニ對シ目下巴里媾和會議ニ於テ米國大統領ウヰルソン氏ハ民族自決主義ヲ提唱シ在上海假政府ハ代表者ヲ巴里ニ派遣シ吾朝鮮ノ独立モ近キニ在ルヲ以テ自分ハ右假政府ノ命ヲ承ケ朝鮮各地ニ独立思想ヲ宣傳シ且ツ独立資金募集ノタ

裁判用紙

0269

177

メ渡鮮シタル旨ヲ説キ
タルニ奇山度ハ其ノ趣
旨ヲ賛同シ爰ニ両名
ハ前記假政府ノ為メ資
金ヲ募集シ独立ニ関
スル不穏ノ思想ヲ鼓吹
セムコトヲ共謀シ先ツ
右運動ニ必要ナル国
民大会趣旨書宣布
文ト題シ所ノ大朝鮮

裁判所用紙

独立ノ思想ヲ鼓吹ス
ル趣旨ノ書面、臨時政
府国民大会監部所名
義ノ朝鮮独立假政府
ニ要スル資金募集ニ
関シ告諭スル旨ノ文書
及同名義ノ全羅南北道
義務金要求特派委員
ノ任命辞令書用紙等
ヲ全羅南道長城郡黄

0270

龍面冠東里十九番山度
宅ニ郵送シ置キ同年
陰四月二十二日同人ト共ニ
京城ヲ發シ翌二十三日
同郡長城驛ニ下車シ同
日同道靈光郡白岫面莊
山里金鐘澤方ニ立越
シ同人方ニ數日滞在中
同人ニ對シ朝鮮獨立ニ
關スル國民大會趣旨

裁判用紙

書及宣布文等ノ不穩文
書ヲ示シ被告等ノ企
劃ニ參加スヘク勸誘
シタルニ金鐘澤ハ之
ヲ承諾シタルヲ以テ同
人ト共ニ直ニ長城郡
黄龍面ニ引返シ同月末
頃同面長山里朴均庠
方ニ於テ同面鶯里朴
般岩ヲ招キ同人ニ對シ

0271

自分ハ在上海假政府ヨリ
朝鮮独立ノタメ其ノ資
金ヲ募集スル目的ヲ以
テ特派セラレタリト告ケ
且ツ勧ムルニ族運動ニ参
加セラレタキ旨ヲ以テス
ルヤ朴殷容ハ快ク之ニ
知シ共ニ努力スヘキコ
トヲ約シタルヨリ前掲
國民大會趣旨書宣布
文（大正八年領第二号ノ一
二ノ其ノ一部）及臨時政府
國民大會監部所名義ノ
告諭書（同号ノ三ノ其ノ一
部）等合計数百枚ノ外
朴殷容ヲ全羅南道
義務金要求ノ特派委員
ニ任命スル旨ノ辞令
書（同号ノ一二）ヲ交付シ資
金募集ニ従事セシメル

200

コトト為シ尚ホ同年陰五月初頃同面月坪里金克璿方ニ到リ同人ニ對シ朝鮮ハ今回獨立スルコトト為リ上海ニ假政府設立セラレ自分ハ其ノ宣傳並ニ獨立ニ要スル資金募集ノタメ奇山度ト共ニ来リタルト称シ資金ノ提供ヲ申込

裁判用紙

金克璿ヨリ現金百二十円ヲ受取リ因テ安寧秩序ヲ妨害シタルモノナリ

右事實ハ

一、被告ガ當廷ニ於テ大正八年陰二月頃私ハ京城府齋洞沈載高方テ奇山度ト面會シタリ其ノ際私ガ長城郡黄龍面ニ行クト

0273

201

中ニ奇山度ノ父ノ家ニテ
出會フコトヲ約束シ私ハ
同年陰五月頃京城ヲ立
チ黄龍面ニ赴キ奇山
度ニ會ヒタル旨ヲ供述シ
一、参考人奇山度ハ私ハ劉
平ノ日場所ニ於テ被告ト
初メテ面會シタリ當時ハ
天道教ノ孫秉熙一味ノ
騒擾事件勃發シタル後
裁判所訊
十リシカ被告ハ私ニ對シ
萬歳騒動カ激シクナリテ
朝鮮ノ独立ハ雖モ見込
ミアリト申シ居タリ其ノ
後京城鍾路通リニテ
被告ト會ヒ朝鮮独立
ニ関スル國民大會趣旨
書及宣布文其ノ他不
穏文書ヲ作成シテ資
金ヲ募集スルコトヲ協議

0274

202

ニ同年陰四月二十二日被告
ト共ニ京城ヲ發シ翌二十
三日長城驛ニ下車シ其
ノ日判示金鍾澤方ニ立
越シ同家ニ數日滞在中
豫テ京城ヨリ私判示市ニ郵
送シ置キタル判示不
穩文書ヲ金鍾澤ニ示シ
私ト共ニ企劃ニ賛同ヲ求メ
タルトコロ同人ハ之ヲ應諾

裁判用紙

シタリ私ハ被告ト金鍾
澤ト三人ニテ再ヒ長城
郡黄龍面ニ立帰リ其ニ
ノ後數日ヲ経テ被告ハ獨
リ金亮靖方ニ至リシカ
帰リ来テ云フニハ同人ニ
不穩文書ヲ示シ出金
ヲ求メタル處同人ハ之ヲ
承諾セル故後カラ金ヲ
送ツテ来ルダラウ其ノ金

0275

203

テ上海ニ渡航スルト申シ
居リタリ其ノ後金克譜
ヨリ何程ノ金ヲ受取リシ
カハ知ラサルモ私ハ其ノ
金ノ内ヨリ六十四円ヲ貰ヒ
受ケタリ其ノ頃私ハ朴殷
客ヲ朴均庠方ニ呼寄セ
被告モ同席ノ上ニテ朴
殷客ニ對シ被告ヲ指シテ
此人ハ上海假政府ヨリ来
タノテアルト云ヒ朴殷客ヲ
全羅南北道義務金要求特
派員ニ任命スル旨ノ辞令
書（大正八年領第二二号ノ一）
ヲ交付シ独立運動ニ参
加スル様勧誘シタリ
御示ノ同号ノ二、三ハ右辞令
書ト共ニ朴殷客ニ交付シ
タル不穏文書ノ一部ニシ
テ大正八年領第四七一号ノ一五

裁判所用紙

0276

ハ私カ被告ヨリ交付セラレタル同様文書ノ一部ニ相違ナシ

被告ハ以前金濟相ト称シ居リシカ私ト共ニ金鐘澤ヲ訪問シタル後同人ト共ニニ三人ニテ直ニ長城ニ帰ル道スカラ自分ハ今後金徹ト名乗ルト云ヒ居リシカ其ノ後ハ誰告ヲ金徹ト称シタル旨ヲ供述シ

裁判用紙

一、証人金克璿ハ大正八年五月頃恰度騷擾事件ノ後此ノ男（被告ヲ指シテ）カ私方ニ来リ朝鮮ハ近キ中将来ニ独立スヘキニ付国民タル者ハ其ノ義務ヲ考ヘテ居ラネハナラヌト云フ故私ハ自分ノ分ト甥金時中及金克[illegible]ト合計百

十四ヲ取纒メ右ノ男ニ交付シタル旨ヲ供述シ

一、豫審判事ノ被告奇山度調書ニ私ガ大正八年陰二月李太王ノ国葬拝観ノ為メ京城ニ行キタル際趙鐘學ナル者ヨリ金徹ハ愛国思想ニ富ミ今回ノ独立運動ニ奔走シ資金ヲ募集セントシテ居ル旨ヲ聞キシヨリ金徹ニ就キ果シテ独立可能ナルヤ否ヤヲ尋ヌル為メ同人ヲ京城齊洞沈載爲方ニ訪ヒタルトコロ金徹ハ巴里ノ媾和會議ニ於テ米国大統領ウヰルソンガ民族自決ノコトヲ主唱シタルニ依リ朝鮮ノ独立モ出来ルコトニ為リ居リ既ニ上海ニ

裁判用紙

0278

206

假政府モ設立サレ同政府
ヨリ代表者ツ巴里ニ派
遣レタル故独立ノ出来
ルコトハ間違ナシ自分ハ
假政府ヨリ其ノ事ヲ宣傳
ノタメ上海ヨリ渡来シタ
ル故之レヨリ此書面ヲ
地方ニ持行キ人民ニ其ノ
趣旨ヲ傳ヘル積リナル旨
ヲ語リ国民大會趣旨書
裁判用紙
假政府設立ニ関スル宣布
書ヲ示シ且ツ右ノ趣旨ヲ
宣傳スルト共ニ其ノ資金
ヲ義務的ニ提供スル者
アハ徴收スヘキ旨假
政府ヨリ命セラレ居ルヨ
リ義務金募集ノタメ右各
地ヲ廻ハル考ナル故君モ
同行セラレタシト申スニ付
私モ朝鮮民族ノタメニ

0279

スル事ナレハ賛成ノ意ヲ表シ其ノ後陰四月二十二日金徹ト共ニ全羅南道ニ向ケ出發シタル旨ノ供述ヲ録取シアリ

一、同上被告金鍾澤調書ニ大正八年陰五月初頃奇山度カ自分方ニ来訪シ宣布文国民大會趣旨書等ヲ私ニ示シ国家ノタメナル

度制川紙

故ヲ君モ共ニ宣傳ニ歩イテ呉レト勧メタルヨリ私ハ承諾シタル旨ノ供述セル記載アリ

一、同上被告朴殷容調書ニ大正八年陰四月末頃奇山度カ私ノ隣家ニ来リ長山里朴均方ニ来リ使ヲ以テ私ヲ呼フ故望月同人方ニ赴キシニ京城

0280

ノ金澈ト云フ四十三四歳ノ
人モ居リ奇山度ノ紹介ニ
依リ其ノ人ニ初對面ノ挨
拶ヲ為シタリ、金澈ハ私
ニ向ヒ奇山度ヨリ御名前
ヲ聞キ居ルカ今回自分
等ハ独立運動ノタメ其ノ
筋ヨリ全羅道地方ヲ担
任シ来リシ故君モ共ニ盡
力シ呉レレト頼ムヨリ私ハ之

裁判用紙

ヲ承諾シタルニ奇山度ハ
私ヲ義務金募集委員
ニ任命スルトテ既ニ印刷
シアリタル辞令書用紙ニ
私ノ名ヲ記入シテ渡シ且ツ
独立ニ寄スル趣旨書、假
政府ニ罪スル宣布書、国
民大會ノ告諭書以上三
種ノ印刷物数百枚ヲ私ニ
手渡シタル旨ノ供述ヲ録

0281

209

取ミアリ

一、同上証人金完璿調書ニ「五月初頃金澈カ私方ニ来訪シタル際夜十一時頃同人ハ私ニ向ヒ朝鮮カ今回独立スルコトトナリ既ニ上海ニ假政府設立セラレ自分ハ[illegible][illegible][illegible][illegible]其ノ宣傳ヲ為ニ独立ニ要スル資金募集ノタメ前山度ト共ニ當地ニ参リカリ

裁判所用紙

ト云ヒ資金ノ提供ヲ求ムル故私ハ百二十円ヲ出シ親戚ノ金時中、金堯奎ハ各三十円宛ヲ私方ニ届ケタルヲリ自分ノ分ト共ニ金澈ニ交付シタル旨ノ供取ミアリ

「大正八年領第四七一号ノ一五及同年領第二号ノ一乃至三ノ各現存ヲ綜合シテ之ヲ認定ス

法ニ照スニ被告ノ行為ハ大正

0282

八年四月制令第七號政治ニ
関スル犯罪處罰ノ件第一
條第一項ニ該當スルヲ以テ
所定刑中十年以下ノ懲
役刑ヲ選擇シ其ノ刑期
範圍内ニ於テ量定處斷
スヘク未決勾留日數ノ算
入ニ付テハ刑法第二十一條
ニ依リ同日數中六十日ヲ本
刑ニ算入スヘク押收物
件中大正八年領第二二號ノ
一乃至三ノ各文書ハ何レモ
犯罪ノ用ニ供シタル物ニシ
テ犯人以外ノ者ニ屬セサ
ルヲ以テ同第十九條第一項
第二項ニ則リ沒收シ其ノ
他ノ物件ハ沒收ニ係ラサル
ヲ以テ刑事訴訟法第二百二
條ヲ適用シ各還付スヘ
キモノトス

211

仍テ主文ノ如ク判決ス

大正十[illegible]年[illegible]月二十九日

光州地方法院

裁判長 朝鮮總督府判事 高[illegible]

朝鮮總督府判事 櫻田良助

朝鮮總督府判事 石川莊四郎

朝鮮總督府裁判所書記 佐原英生

裁判用紙

0284

大邱 刑事控訴事件簿 大正9年(1920年)

大正九年

刑事控訴事件簿

李仁行　1P20-01

保安法違反	保安法違反	
姜有福 三十八年	許山度 四十三年	李仁行 二十三年
訴 公	訴 公	訴 公
調對日 八月 十 年	調對日 月 年	調對日 月 年
棄 取 却 消	棄 取 却 消	棄 取 却 消
訴 私 公	訴 私 公	訴 私 公
破 棄 毁 却	破 棄 毁 却	破 棄 毁 却

서기 1978년 10월 13일
부산지방검찰청
검찰주사보 김 하

1P20-02

事件 標目

被告人

本籍、住所

族稱、職業

氏名、年齡

同道昌寧郡 [illegible] 面 [illegible] 里在籍居住 出版

朴成容

[illegible] 年

住所不定 本籍 [illegible]

姜一表

三十三年

第一審 判決 所 日 月 要旨

第二審 控訴申立 人 公訴 別 致送 判 月 日 終局 要旨

上告申立 人 公私 別 致送 錄 記 月 日 終局 要旨

定確 決 行執 受

부산지방검찰청

김하철

1P20-03

大邱 執行原簿 大正10年(1921年)

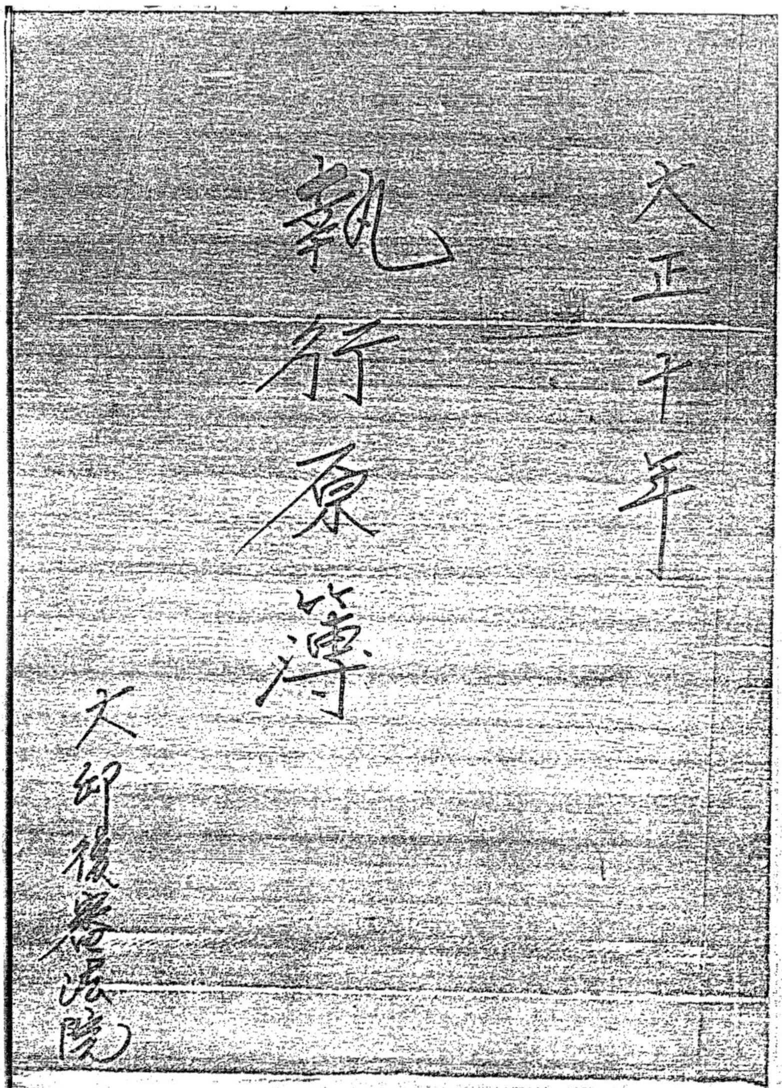

大正十年

執行原簿

大邱覆審法院

1921 - 001

被告人	朴春和相 (勾束)	朴殷容 (勾束)	李仁行 (勾束)
進行番號	[illegible]	[illegible]	[illegible]
罪名	[illegible]	[illegible]	保安法違反
裁判又ハ處分 月日	十 年 月 日	年 月 日	年 月 日
裁判所名	[illegible]	[illegible]	[illegible]
要旨 刑名、刑期 其他	上告棄却 懲役四年	控訴取下 懲役三年	控訴棄却 懲役 年
指揮	十 年 月 日	年 月 日	十 年 十八月 日
囑託 日 月 先	年 月 日	年 月 日	年 月 日
上訴	年 月 日	年 月 日	年 月 日
席	年 月 日	年 月 日	年 月 日
判決	年 月 日	年 月 日	年 月 日
告知	年 月 日	年 月 日	十 年 十八月 日
確定	年 月 日	年 月 日	年 月 日
刑期起算	十 年 二 月 日	年 月 日	十 年 二十八月 日
備考		등본 서기1978 10 13 부산	청

1P4-002

光州刑事裁判書原本 大正11年(1922年)

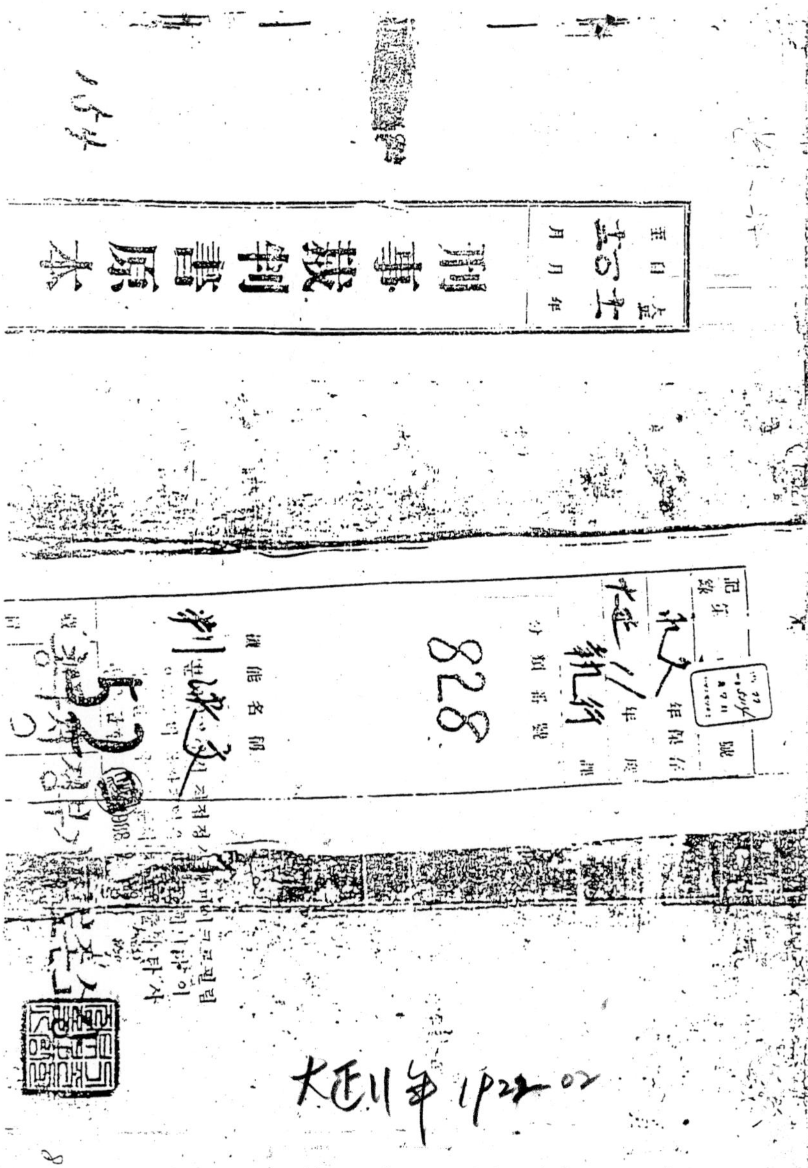
刑事判決書原本
828
大正11年 1922 02

大邱覆審法院 刑事控訴事件判決

大正11年(1922年)

212

大正十一年刑控第七四二号

判決

京畿道長湍郡長南面

元堂里在籍

京城府雲泥洞十四番地居住

無職 金徹事

金演相

四十四年

右ノ者ニ對スル大正八年制令第七号違反強盗被告事件ニ付大正十一年八月二十九日光州地方法院ニ於テ被告ヲ懲役一年六月ニ處ス但未決勾留日數六十日ヲ本刑ニ算入スト言渡シタル判決ニ對シ被告ヨリ控訴ヲ申立テタルヲ以テ本院ハ朝鮮總督府檢事河村静水干與審理ヲ遂ケ判決スルコト左ノ如シ

主文

原判決ヲ取消ス

被告ヲ懲役一年六月ニ處ス但未決

裁判用紙

判決正本原本用紙

0285

1922 대수 복심 항소판결 大正11

勾留日数六十日ヲ本刑ニ算入ス
三年間右刑ノ執行ヲ猶豫ス
押收物件中大正八年領第二二号ノ證
第一号乃至三号ハ之ヲ没收シ其他ハ
總テ各差出人ニ還付ス

理　由

被告ハ朝鮮獨立ヲ企テ大正八年陰二
月中京城府齋洞沈載昌方ニ於テ、
原審被告奇山度ト會シ同人ニ對シ
目下巴里媾和會議ニ於テ米國大統
領ウイルソンカ民族自決主義ヲ提唱
シ在上海假政府ハ代表者ヲ巴里ニ派
遣シ我朝鮮ノ独立モ近キニアリ自分
ハ假政府ノ命ヲ受ケ朝鮮各地ニ獨立
思想ヲ鼓吹シ且独立資金募集ノ
為メ来リタルニ付之ニ努力シ呉レヘシト告
ケ奇山度ハ其趣旨ニ賛同シ爰ニ両名
ハ朝鮮独立ニ関スル不穏文書ニ依リ獨
立思想ヲ宣傳シ假政府ノ為ノ資金
ヲ募集シ獨立ノ目的ヲ達成セシメンコト

判決正本謄本用紙

214

ヲ共謀シ先ッ該運動ニ必要ナル國民
大會趣意書宣布文ト題スル何レモ
朝鮮獨立ノ思想ヲ鼓吹スル趣旨ノ
書面、臨時政府國民大會監部所名
義ノ朝鮮獨立假政府ニ要スル資金募
集ニ関シ告諭スル旨ノ文書及同名義
ノ全羅南北道義務金要求特派委員
ノ任命辞令書用紙ヲ作成シ之ヲ
長城郡黄龍面冠東里ナル奇山度方
ニ郵送シ同年陰四月二十一日同人ト
共ニ京城ヲ発シ翌二十二日長城駅ニ下
車シ同日同道靈光郡白岫面莊山里
金鍾澤方ニ立越シ同人ニ對シ朝鮮独
立ニ関スル國民大會趣意書及宣布文
等ノ不穏文書ヲ示シ前示計畫ニ賛
同シ獨立資金ノ募集ニ努力シ呉ルヘキ
旨ヲ以テ勸誘シ同人ヲシテ之ヲ承諾
セシメ更ニ同月末頃同面長山里朴灼
庠方ニ於テ原審相被告同面筆岩
里朴殷容ヲ招キ同人ニ對シ前示

裁判用紙

判決正本謄本用紙

0287

215

計畫ニ賛同シ努力シ呉ルヘキ旨ヲ以テ勸誘シ同人ヲシテ之ヲ承諾セシメ國民大會趣意書宣布文（大正八年領第二二号ノ二八其ノ一部）及臨時政府國民大會監部所名義ノ告諭書（同号ノ三八其ノ一部）等合計数百枚ノ外朴般容ヲ全羅南北道義務金要求ノ特派委員ニ任命スヘキ旨ノ辞令書（同号ノ二）ヲ交付シ独立資金ノ募集ニ従事セシメ尚同年陰五月初メ同面月坪里金堯瑨方ニ到リ同人ニ對シ前示計畫ノ下ニ出金方ヲ勸誘シ同人ヨリ現金一百八十円ヲ受取リ因テ安寧秩序ヲ妨害シタルモノトス

以上ノ事實ハ

當公廷ニ於ケル被告ノ大正八年三月末京城趙鍾厚方ニ於テ奇山度ニ會ヒ其後再會ノ際同人ハ私ニ對シ君ハ露領在住鮮人ノ代表者自分ハ全羅道ノ幹部員トナリ互ニ連絡ヲ取リ

裁判用紙

判決正本謄本用紙

0288

216

判決正本謄本用紙

韓國ノ独立ニ盡力シテハ如何トノ話ヲ
為シ警告文ト題スルモノ五千六百枚ト外
ニ上海假政府職員表五千枚ヲ見セ
タル旨ノ供述
原審公判始末書中参考人奇山度
ノ供述トシテ私ハ大正八年陰二月中
京城府脊洞沈載尙方ニテ被告ニ面
會シタリ當時ハ天道教ノ孫秉熙一味
ノ騒擾事件勃發シタル後ナリシカ被
告ハ私ニ對シ萬歲騒キカ激シクナリテ

裁判用紙

朝鮮ノ独立ハ確ニ見込ミアリト申居リタ
リ其後京城鍾路通リニテ被告ト會セ
朝鮮独立ニ干スル國民大會趣意書及
宣布文其他不隱文書ヲ作成シテ資金
ヲ募集スルコトヲ協議シ同年陰四月
二十二日被告ト共ニ京城ヲ出發シ翌二
十三日ニ長城駅ニ下車シ其日判示金鍾
沢方ニ立越シ同家ニ数日滞在中豫テ
京城ヨリ私方ニ郵送シ置キタル不隱
文書ヲ金鍾澤ニ示シ私共ノ計畫ニ

0289

217

賛成ヲ求メタルニ同人ハ之ヲ承諾シタリ
私ハ被告ト金鍾澤ト三人ニテ再ヒ
長城郡黄龍面ニ立帰リタルカ其頃
ヨリ被告ハ今後金澈ト名乗ルト云
ヒ居リシヨリ其後ハ被告ヲ金澈ト呼
ヒ来レリ夫レヨリ数日ヲ経テ被告ハ独
リ金堯瓚方ニ至リシカ帰リ来テ謂フ
ニハ同人ニ不穏文書ヲ示シ出金方ヲ求
メタルトコロ同人ハ之ヲ承諾セル故後ヨリ
金ヲ送リ呉ルナラン其金ニテ上海ヘ渡

裁判用紙

ルト申シ居タリ其後金堯瓚ヨリ何程
ノ金ヲ受取リシヤ知ラサルモ私ハ其金ノ
内六十円ヲ貰受ケタリ又其頃私ハ朴
殷容ヲ朴均[illegible]方ニ呼寄セ被告モ同
席ノ上ニ朴殷容ニ對シ被告ヲ指シテ
此人カ上海仮政府ヨリ来タノデアルト
云ヒ朴殷容ヲ全羅南北道義務金要
求特派員ニ任命スル旨ノ辞令書（大
正八年領第二二号ノ一）ヲ交付シ獨立
運動ニ参加スル様勧誘シタリ御示

判決正本謄本用紙

0290

218

シ同号ノ二、三ハ右辞令書ト共ニ朴
殷容ニ交付シタル不穏文書ノ一部ナ
ル旨ノ記載
豫審ノ奇山度訊問調書中私ハ大正
八年陰二月中金澈ヲ京城ノ沈載高
方ニ訪ヒタルトコロ金澈ハ巴里ノ媾和會
議ニ於テ米國大統領ウヰルソン氏カ民
族自決ノコトヲ主唱シタルニ依リ朝鮮
ノ獨立モ出来ルコトニナリ居リ既ニ上海
ニ假政府モ設立サレ同政府ヨリ代表

裁判用紙

者ヲ巴里ニ派遣シタル故独立ノ出来
ルコトハ間違ナシ自分ハ假政府ヨリ其
事ヲ宣傳ノ為メ上海ヨリ渡来シタル
故之ヨリ此書面ヲ地方ニ持行キ人民
ニ其趣旨ヲ傳ヘル積リナル旨ヲ語リ國
民大會趣意書假政府設立ニ関スル
宣布書ヲ示シ且ツ右ノ趣旨ヲ宣傳
スルト共ニ其資金ヲ義務的ニ提供スル
者アラハ徴收スヘキ旨假政府ヨリ命セラ
レ居ルヨリ義務金募集ノ為メ各地ヲ

判決正本謄本用紙

0291

219

廻ル考ナル故君モ同行セラレタシト申ス
ニ付私モ朝鮮民族ノ為ニスル事ナレハ
賛成ノ意ヲ表シ其後陰四月二十二日
金澈ト共ニ全羅南道ニ向ケ出發シタ
ル旨ノ供述記載
同上金鍾澤訊問調書中大正八年陰
五月初メ奇山度カ私方ニ来リ曾布文
國民大會趣意書等ヲ私ニ示シ國家
ノ為ナル故君モ共ニ宣傳ニ歩イテ呉レト
勸メタルヨリ私ハ承諾シタリ其際金澈

裁判用紙

ニハ莊山里ノ金遠泳方ニテ初メテ會ヒ
タルモノナル旨ノ供述記載
同上朴殷容訊問調書中大正八年陰
四月末頃奇山度カ私ノ鄰家ナル長
山里朴均庠方ニ来リ使ヲ以テ私ヲ
呼ブ故翌日同人方ニ赴キシニ京城ノ金
澈ト云フ四十三四歳ノ人モ居リ奇山
度ノ紹介ニヨリ其人ニ初對面ノ挨
拶ヲ為シタリ金澈ハ私ニ向ヒ奇山度
ヨリ御名前ヲ聞キ居ルカ今田自分

判決正本謄本用紙

0292

220

判決正本謄本用紙

等ハ獨立運動ノ為メ其筋ヨリ全羅道
地方ヲ担任シ来リシ故君モ共ニ盡力シ
呉レト頼ムヨリ私ハ之ヲ承諾シタルニ奇
山度ハ私ヲ義務金募集委員ニ任
命スルトテ既ニ印刷シアリタル辞令書
用紙ニ私ノ名ヲ記入シテ渡シ且ツ独立
ニ関スル趣意書仮政府ニ関スル宣布
書國民大會ノ告諭書以上三種ノ印
刷物数百枚ヲ私ニ手渡シタル旨ノ供述
記載

裁判用紙

同上証人金堯墉訊問調書中大正八
年陰五月初メ金澈カ私方ニ来訪シタ
ル際夜十一時頃同人ハ私ニ向ヒ朝鮮
カ今回独立スルコトヽナリ既ニ上海ニ仮
政府設立セラレ自分ハ其宣傳並ニ独
立ニ要スル資金募集ノ為メ奇山度
ト共ニ當地ニ来リタリト云ヒ資金ノ提
供ヲ求ムル故私ハ百二十円ヲ出シ親戚
ノ金時中金堯重ハ各三十円宛ヲ私
方ニ届ケタルヨリ自分ノ分ト共ニ金澈

0293

ニ交付シタル旨ノ供述記載ヲ綜合シテ
之ヲ認定ス
法律ニ照スニ被告ノ所為ハ大正八年四
月制令第七号第一条第一項ニ該當スル
ヲ以テ所定刑中懲役刑ヲ選擇シ其刑
期範囲内ニ於テ被告ヲ懲役一年六月ニ
處断スヘク刑法第二十一条ニ依リ未決勾
留日数六十日ヲ本刑ニ算入スヘク然リ而
シテ被告カ本件犯罪ヲ為スニ至リタルハ
一時ノ過チニ出テタルノミナラス今日既ニ改
悛ノ情顯著ニシテ再犯ノ虞ナシト認ムル
ニ依リ刑法第二十五条刑法施行法第五
十四条ヲ適用シ職権ヲ以テ三年間右刑
ノ執行ヲ猶豫スヘク押収物件中主文
特記ノ物件ハ本件犯罪供用物件ニシ
テ犯人以外ノ者ニ属セサルヲ以テ刑法
第十九条ニ依リ之ヲ没收シ其餘ハ刑
事訴訟法第二百二条ニヨリ之ヲ差出人
ニ還付スヘキモノトス
然レハ原判決ハ事實ノ認定刑ノ量

裁判用紙

判決正本謄本用紙

0294

282

定共ニ相當ナルモ被告ニ對シ刑ノ執行猶豫ノ言渡ヲナサヽリシハ失當ニシテ本件被告ノ控訴ハ其理由アリ仍テ刑事訴訟法第二百六十一条第二項ニ則リ主文ノ如ク判決ス

大正十一年十月二十八日

大邱覆審法院刑事第二部

裁判長朝鮮總督府判事 五味逸平

朝鮮總督府判事 松下直英

朝鮮總督府判事 李明燮

裁判用紙

朝鮮總督府裁判所書記 樺島年太郎

右謄本也

大正十一年十二月九日

大邱覆審法院

朝鮮總督府裁判所書記 [illegible]

判決正本謄本用紙

0295

■ 참고문헌 / 연보 / 색인

참고문헌

사료

『고종시대사』, 『기려수필』, 『매천야록』, 『임종유필』, 『조선왕조실록』

신문

『대한매일신보』, 『대한협회회보』, 『독립신문』, 『동아일보』, 『매일신보』, 『신협주보』, 『조선일보』, 『조선총독부관보』, 『전남일보』, 『황성신문』, 『조선총독부관보』.

잡지

『신동아』, 『호남학보』

서적

Sidney L. Gulick, 『인의 진화』, 1903.
『전남폭도사』, 1908.
『한국탁지부』, 1910.
『조선신사대동보』, 조선신사대동보발행사무소, 1913.
『조선재주내지인 실업가인명사전 제1편』, 1913.
『조선신사보감』, 1914.
『재조선내지인 신사명감』, 1917.
『경성부정내지인물과사업안내』, 1921.
『대륙자유평론 사업인물호』 제8, 1923.
『반도관재인물평론』, 1926.
『전선부읍회의원명감』, 조선경세신문사, 1931.
『조선과삼주인』, 1933.

『國外ニ於ケル容疑朝鮮人名簿, 朝鮮總督府』, 1934.
『함평향교지』, 함평향교명륜당, 1934.
『조선인사흥신록, 조선신문사』, 1935.
『함평여람』 교재개간, 1935.
『조선공로자명감』, 아부훈 편, 1935.
『조선총독부시정이십오주년기념표창자명감』, 동 간행위원회, 1935.
『시정입오년기념 약진지조선 부 재계인물전』, 1935.
『대경성공직자명감』, 경성신문사, 1936.
『조선년감』 1947년판, 1946.
『조선년감』 1948년판, 1947.
『조선신사명감』, 1917.
『한국독립운동사』, 애국동지원호회, 1956.
『독립운동사』, 독립운동사편찬위원회, 1970.
김후경·신재홍, 『대한민국독립운동공훈사』, 1971.
『대한제국관원이력서』, 국사편찬위원회, 1972.
『독립운동사자료집』 3, 독립운동사편찬위원회, 1971.
김정명, 『명치백년사총서』, 원서방, 1979.
『나주군지』, 나주군, 1980.
국가보훈처, 『독립운동사』, 1982.
국가보훈처, 『독립운동사자료집』, 1982.
국사편찬위원회 편, 『한국독립운동사자료』, 국사편찬위원회, 1982.
『함평군사』, 함평군사편찬위원회, 1984.
『독립유공자공훈록』, 국가보훈처, 1986.
『독립기념관전시품도록』, 독립기념관 한국독립운동사연구소, 1991.
안천, 『신흥무관학교』, 교육과학사, 1996.
최재건/해리로즈, 『장로교 한국선교회사』1, 연세대학교출판부, 2009.
한국민족운동사학회, 『안중근과 한인민족운동』, 국학자료원, 2002.

보고서 문서

『융희 3年 1월 폭도에 관한 편책 제통계표 경무국』, 1909.

「조선오만분일지형도(10-2-9)」, 한천(평양구호), 1918.

Frank W. Schofield, 「Military and Police in suppressing the Korean Nationalists」, 1919.

W. Massy Royds, 『삼일운동에 관한 보고서』, 1919.

미국인 선교사, 『한국의 현재 상황에 대한 증언』, 1919.

「경성의 국민대회」, 『조선소요사건관계서류1』, 1919.

『1919년 서울여자전문학교 현황보고서』, 서울여자전문학교, 1919.

『조선소요사건관계서류(4)』, 독립운동자금 모집자 검거의 건, 일본 육군성, 1919.

「임시지방 연통제」, 1919.

「국민대회취지서」, 1919.

「선포문」, 『우남리승만문서』(4), 1919.

「이인행 형사재판판결문」, 독립기념관자료번호1-007612-000, 1920 (대정 11년) 10월 12일.

「김영식판결문」, 경성지방법원, 1920.

「판결문」, 광주지방법원, 목포지청, 1920.

「판결문」, 대구복심법원, 1920.

「신분장지문원지(경찰청)」, 1920.

광주지방법원, 『판결문52호』, 조선총독부, 1920.

『재상해부령선인의 동정』, 경성고경 제28373호, 1921.

「임시정부 자금모집 계획 및 감사장」, 1921.

대구복심법원, 『집행원부, 160호』, 조선총독부, 1921.

『불령단관계잡건-선인의 부-재상해지方5』(고경 제825호), 1925.

『폭도편찬자료』 27호, 1925.

연 보

유년기

1. 1898년 전남 함평 나산면 초포리 출생하다.
성명은 이인행(李仁行), 호는 삼역(三亦)이다.
3. 1900년 가내에 국화꽃이 만발하였다.
4. 1901년 국문습작을 연습하였다.
5. 1902년 서당에서 천자문을 배우다.
6. 1903년 통감을 읽다.
7. 1904년 사략 등의 소학을 읽다.
8. 1905년 부친 이재관공 구국운동에 앞장서다.
9. 1906년 경서를 배우다.
10. 1907년 경서를 배우다.
11. 1908년 경서를 배우다.
12. 1909년 1월 14일 부친상을 입다.
13. 1910년 집안의 가장이 되다.
14. 1911년 동국역사를 탐독하다.
15. 1912년 동국지리에 심취하다.
16. 1913년 처음 서울 덕수궁에 가다.

청년기

17. 1914년 안중근의 용맹심에 찬동하다.
18. 1915년 암울한 시절의 등불이 되기로 맹세하다.
19. 1916년 농촌계몽운동에 나서다.
20. 1917년 사산사에서 초등을 가르치다.
21. 1918년 기산도를 찾아가 일제 타도를 제의하다.

22. 1919년 고종황제의 곡반소에 입곡하다.
3.1 운동독립선언문 선포식에 가다.
대한독립만세를 외치며 시가를 행진하다.
종로경찰서에 연행 고문당하다.
한남수동지와 국민대회대표회의에 참가하다.
3월 7일 국민대회를 함평대표로 발기하다.
3월 15일 함평의 책임자가 되어 하향하다.
3월 16일 임시정부 특파원이 되다.
4월 7일 함평 3·1 만세운동을 이끌다.
4월 8일 문장 3·1 만세운동을 이끌다.
만국공원대회에서 한성정부 조직에 참가하다.
8월 상해로 가 임시정부 군자금 모집원이 되다.
10월 21일 전라남도 제3부에서 검거되다.
10월 28일 광주검사국(검찰청)으로 송치되다.
23. 1920년 광주형무소 옥고를 치르다.
7월 19일에 광주지방법원에서 판결을 받다.
보안법 징역 1년형을 언도받다.
24. 1921년 2월 18일 대구형무소 옥고가 시작되었다.
대구복심법원(고등법원)대구형무소에서 기각되다.
형사수인번호 1,311번이 가슴에 붙다.
8월 15일 대구형무소(1,311번) 옥고를 마치다.
광주형무소(119번)로 이감되다.
25. 1922년 광주형무소에서 2년 4개월을 채우다.
2월 19일 출소하다.
4월 12일 사산사에서 평릉강습소를 열다.
26. 1923년 가정부 선전활동을 전개하다.
27. 1924년 이상재선생과 조선민립대학 발기위원을 맡다.
1월 13일 이인행선생은 평릉면지부 이끌다.

민립대학설립 상무위원으로 활동하였다.

28. 1925년 농촌운동에 앞장서다.
또 다시 3년 기소유예처분을 언도받다.
가택수색과 억압취조를 받다.

29. 1926년 민족의 각성과 결사를 촉구하였다.

30. 1927년 신간회가 결성되다.
간사를 맡다.
나산 분회장을 맡다.

31. 1928년 함평 인사들과 결속을 추진하였다.

32. 1929년 농민조합결성을, 사상범으로 단속 대상이 되다.

33. 1930년 농민조합운동 주도자로 경찰이 지목하였다.

34. 1931년 일제에게 “황국화에 협조하라.”는 협박을 받다.
자매계를 만들다.

35. 1932년 농민 실력양상을 준비하였다.

36. 1933년 농민과 노동자의 집회를 계획하다.

37. 1934년 함평향교 간사로 강학소 운영하다.

38. 1935년 함평 나산 사산사에서 후학을 양성하다.

39. 1936년 노동의 현장을 찾다.

장년기

40. 1937년 야학을 개설하여 농민교육에 앞서다.

41. 1938년 일제로부터 근로보국대로 공출 협박을 받다.

42. 1939년 창씨 반대로 일제에게 강제 징발위기에 처하다.

43. 1940년 한글 야학을 계속하다.

44. 1941년 임시정부선전활동을 계속하다.

45. 1942년 일제 눈을 피해 마을을 직접방문하다.

46. 1943년 학교설립을 추진하였다.

47. 1944년 소작쟁이와 지주 가교역할을 하다.

48. 1945년 조선일민으로 은둔자의 길을 결심하다.
51. 1948년 이승만정부로부터 함평군수직 제의를 거절하다.
78. 1975년 임종유필에 '조선을 사랑한 조선일민'이기를 원했다.

추모사업

1977년 3·1 만세운동 기념탑을 기산공원에 건립하다.
1985년 '이인행선생의적비건립추진위원회'가 결성되다.
1986년 이인행선생 의적비 건립되어 제막식 개최하다.
1989년 문장 3·1 만세운동 기념탑이 세워지다.
1990년 정부에서 건국훈장 애족장(2030호)을 추서하다.
1997년 후손들이 국사재 생가를 복원하다
2008년 조형물을 갖춘 문장 3·1 만세운동 탑이 세워지다.

3대 숙원 사업

문화관광부 '이달의 문화인물' 지정 과제가 남겨져 있다.
생가·유물·소장품 문화재 지정 추진 과제가 남겨져 있다.
애국정신을 기리기 위한 기념관 건립 과제가 남겨져 있다.

색 인

ㄱ

ㄴ

ㄷ

ㄹ

ㅁ

ㅂ

ㅅ

ㅇ

ㅈ

ㅊ

ㅋ

ㅌ

ㅍ

ㅎ

| 서 평 |

〈애국지사 이인행(李仁行) 평전〉을 읽고

나와 배움의 인연을 함께한 적이 있는 노기욱 박사가 어느 날 불현듯 전화와 메일을 보내면서 함평출신 <애국지사 이인행 평전>에 대한 추천의 글을 요구해왔다. 함평을 같은 본향으로 하고 있는 저자가 자기 고장의 독립운동사를 발굴 현창한 일은 대단히 가상한 일이라고 격려하고, 다른 전문연구가에게 부탁하라는 말과 함께 그 요청을 사양하였지만 옛날 사제의 정을 저버릴 수 없어 늙고 침침한 눈으로도 기꺼이 읽었고 끝내 몇 마디 첨언을 하게 된 것이다.

장성·광산·나주·함평 등지는 일제 강점기에 호남 독립운동의 산실과 같은 고장이었다. 3·1 운동을 전후한 1920년대만 해도 당시 기산도·김철 등 기라성 같은 애국지사들이 호남의 독립운동의 축인 이 고장을 기지로 하면서 전국을 무대로 함은 물론 해외 상해 임정에까지 활동의 역량을 확산시키고 있었는데, 그 가운데 20대의 열혈청년 이인행선생이 있어 함평천지를 더욱 빛내고 있었다.

수많은 애국지사 독립 운동가들이 조국을 위해 분골쇄신의 열정을 불태웠지만, 일제강점기라는 엄중하고 잔혹한 시대에 그 자취들이 기록으로 온전히 남아 있을 수가 없었고, 또 있다할지라도 이를 빠짐없이 발굴하여 정리 한다는 것은 매우 어려운 일이다.

저간의 사정이 이러 할진데 이번에 저자가 <애국지사 이인행 평전>을 저술하여 세상에 내어 놓은 것은 그 어려움 속에서도 나라사랑의 참 모습이 무엇이었는가를 들어내, 오늘을 사는 우리들에게 역사의 귀감을 삼게 한다는 것은 물론이요 잊혀지고, 또 없어지고 있는 우리 선인들의 그 뜻있고 아름다운 역사를 복원한다는 점에서 매우 의미 있는 일이었다.

나는 이 책에서 새로운 사실을 하나 접하였다. 다름 아니라 이인행선생이 독립군자금사건으로 동료지사들과 함께 체포되어 광주감옥에 투옥, 영어의 생활을 하고 있던 때에 삼역(三亦)이란 호를 당시 노성의 거목 애국지사인 면우 곽종석선생에게서 친히 받았다는 사실이다. 70대의 노애국지사가 손자뻘도 더 되는 20대의 이인행선생과, 그 차가운 감방을 함께하면서도 의연하게 논어의 세 가지 즐겁지 아니한가의 뜻을 기리라는 호를 내리는 것은, 차라리 슬픔의 응어리 속에 민족의 문화적 장래를 염원하는 초월성이 함축된 것이라고 할 수 있다. 3·1 운동 후 파리장서 사건을 주도했던 면우선생은 당시 전통의 성리학적 지성사 저항사의 표징이었다. 나는 그 면우선생의 수제자 중의 한분이었던 중제 김황선생에게 수학(훈습)하였던 학연이 있어서 더욱 애절하였다.

이렇듯 지나간 역사에는 자기도 모르는 사이에 인연의 애환과 엄중한 역사적 교훈이 함께 서려 있는 것이다. 독자 여러분도 노기욱 박사의 이 <애국지사 이인행 평전>에서 이러한 의미를 찾아보면서 민족의 장래를 꿈꿔보면 어떠할까 하고 생각해본다.

2013년 4월 5일

전 조선대학교 인문대학장 반윤홍

저자 소개

노기욱

1957년 전남 무안 출생
전남대학교 대학원 문화재학협동과정 문화재학박사
전) 전남대학교 대학원 문화재학협동과정 강사
현) 전남대학교 평생교육원 / 광주지방공무원교육원 강사
현) 전남대학교 호남학연구원 전임연구원
현) 전라남도 지방사연구소 대표

■ 주요 저서 및 논문

광주지방공무원교육원 싸이버 광주문화
대한제국기 경성고아원설립과 운영(공저)
한말 호남의병의 사표 오준선
광주지역 3·1운동사 연구의 현황과 과제
1920년대 도서순례(공저)
1922년 평화기념 동경박람회와 조선인 시찰단(공저)
정율성 음악의 사상성 지향
일제 화양가구 유입과 조선가구의 대응
광양민과 어영담의 초계활동
임진의병장 노인의 중·일편력과 대외복수책
고창해리면 고문서
남도 이순신길 조선수군재건로 고증 및 기초조사서
백의종군로 콘텐츠사업 기초조사서
훈요십조의 변용과 그 쟁점(공저)
외 다수 논저

조선을 사랑한 조선일민(朝鮮逸民) 애국지사(愛國志士)
삼역(三亦) 이인행(李仁行) 평전

인 쇄 | 2013년 4월 5일
발 행 | 2013년 4월 10일

저 자 노기욱
발행인 지병문
발행처 전남대학교출판부

등 록 1981년 5월 21일 제53호
주 소 500-757 광주광역시 북구 용봉로 77
전 화 062-530-0571~2
마케팅 062-530-0573
팩 스 062-530-0579
홈페이지 http://www.cnup.co.kr

값 12,000 원

ISBN 978-89-6849-016-3 (93990)

이 도서의 국립중앙도서관 출판시도서목록(CIP)은 e-CIP홈페이지(http://www.nl.go.kr/ecip)와
국가자료공동목록시스템(http://www.nl.go.kr/kolisnet)에서 이용하실 수 있습니다.
(CIP제어번호: CIP2013002532)